그들에게
무슨일이
있었던 걸까?

그들에게 무슨 일이 있었던 걸까?

사이코 테라피스트의 심리여행

권문수 지음

글항아리

차례

제2부
남은 이야기 그리고 나의 경우

한국에서는 나와 같은 일을 하는 사람을 '임상심리사'라 부르는 것으로 알고 있다. 여기 미국에서는 '정신건강 테라피스트psychotherapist'라고 부른다.

병원에서 정신과 환자와의 면담, 검사, 경과 관찰, 의사에게 조언하는 것 등이 내가 하는 일이다. 미국은 의사와 테라피스트 간의 업무 분담이 철저하게 돼 있다. 대부분의 정신과 의사는 처음만 제외하고는 2주일이나 한 달에 한 번, 한 명의 환자를 위해 15분만 일한다. 15분 동안에도 대부분 약에 대해서만 이야기할 뿐이다.

실제로 환자들은 나 같은 사람을 일주일에 한 시간씩 만난다. 영화에서 환자와 정신과 의사가 만나 심각한 상담을 하는 장면을 종종 볼 수 있는데, 그들은 의사가 아니라 테라피스트라고 보는 게 더 정확하다. 내 경우 병원에 소속돼 일을 하고 있지만 남는 시간을 이용해 개인 클리닉도 운영하고 있다.

나는 지금 워싱턴지역에 살고 있다. 14년째 미국생활이다. 지금까지 병원에서 수많은 사람을 상담하고 치료해왔다. 하지만 이곳에 살고 있는 한국인들을 환자로 만날 기회는 별로 없었다. 개인 오피스에서 한국인만을 대상으로 광고까지 했지만 거의 오지 않았다. 전화 메시지를 남기지 않는 건 물론이고 예약을 해놓고도 취소하기 일쑤였다.

나는 그제야 절실히 느꼈다. 한국인에게 정신건강 상담이라는 것은 아주 특별한 용기가 필요한 분야구나! 그래서 심리치료가 필요한 한국인들을 위해 특별히 할 수 있는 일이 뭘까 생각한 다음 약간 바보스러운 결심을 하게 됐든, 전화가 연결되기만 하면 최대한 들어줄 수 있는 만큼 듣고 아는 만큼 말해줬다.

하지만 전화로 이뤄지는 상담에는 한계가 있다. 답답해하던 차에 내가 즐겨 보던 여행웹진 노매드(www.nomad21.com)에 연재를 하게 됐다. 반응은 생각보다 폭발적이었다. 내가 담담히 기록한 '그들'의 이야기를, 독자는 '자신'의 이야기로 전이시키며 읽고 있었다. 단지 읽음으로 끝나는 것이 아니라 심리커뮤니티를 만들며 서로의 이야기를 나눴다. 나는 그때 다시 한번 깨달았다. '당신도 외로운가, 나도 외롭다'라는 외로움의 보편성을. 여기서 나는 한국인들에게 정신건강 상담이라는 것이 특별한 용기가 필요한 것이 아니라는 걸 말해주고자 했다. 그동안 만난 환자들의 이야기를 쓰기 시작했다. 그들이 어떻게 정신질환을 얻었고 그것이 그들의 인생을 어떻게 달라지게 했는지, 한 생애에 스며든 환희와 고통을 내가 엿본 그대로 적기 시작한 것이다. 글을 써본 경험은 많지 않았지만 이야기는 술술 나왔다. 내 안에 그렇게 많은 이야기가 있다는 게 신기할 정도로 쏟아져 나왔다.

한 가지 말해두고 싶은 것이 있다. 이 책에 나오는 많은 환자의 프라이버시에 대해서다. 아무리 멀리 있는 미국인들이지만 나는 그들의 신분을 보장하기 위해 최선을 다했다. 당연하지만 이 책에 나오는 사람들의 이름은 모두 가명이고 또한 여러 배경 설명이라든지 구체적 내용들에 있어서도 보호하고자 노력했다. 그러한 이유로 내가 근무하는 병원의 이름 또한 밝히지 않으려 한다. 독자들의 양해를 부탁드린다.

벌써 글을 연재한 지 1년이 넘었다. 여러 가르침을 준 노매드의 윤용인 대표 그리고 책을 정성껏 만들어준 글항아리의 강성민 대표와 이은혜 편집장께 감사의 말을 전한다. 아무쪼록 이 책이 정신건강 상담을 쉽게 이해하고 편하게 받아들이는 데 조금이나마 일조하기를 바란다. 또한 이 세상과 사람을 아는 데 도움이 된다면 참 보람 있을 것이다.

끝으로 항상 나에게 힘이 돼주는 아내 송지영, 나의 부모님, 동생 태우 그리고 채이와 서진이에게 고마움과 사랑의 말을 전한다. 멀리 고국에서 이 책을 보며 공감해주고 기뻐하실 장인 장모님께도 감사의 뜻을 전한다.

2007년 7월

권문수

제1부

그들에 관한 이야기

뉴욕에서 온 여자 제시카

"당신이 제시카를 봐야겠는데."

병원 디렉터에게 이 말을 듣는 순간 난 '으악!' 하는 소리가 가슴에서 들리는 것 같았다. '제시카가 어떤 환자인데.' 제시카는 아주 화려한 남성편력으로 나름대로 재미있는 뉴욕생활을 하다가 정말로 사랑하는 남자를 만나 결혼을 했다. 그런데 이 남자도 여성편력에서는 둘째가라면 서러운 그런 남자인 게 문제였다.

많은 사람이 어딘지 모르게 자신과 비슷하거나 부모와 비슷한 이성에게 끌리는 심리가 있다.

예를 들어 부모에게 학대를 받으며 성장한 사람은 그런 부모를 증오하면서도 자신을 학대하는 배우자를 만나 결혼생활을 한다거나, 자신의 정신 병력과 비슷한 증상의 사람을 만나 함께 치료를 받는다.

제시카에게 찾아온 '학습된 무기력'

제시카의 경우도 마찬가지다. 마치 〈섹스 앤 더 시티Sex and the City〉라는 시트콤의 주인공 사만다처럼 남자와의 자유를 즐기던 그녀를 사랑에 빠지게 한 건, 바로 여성편력의 슈퍼맨이었다.

결혼생활은 모순투성이고 싸움의 연속이었다. 남자는 다른 여자 만나는 걸 포기하지 못했고, 제시카도 복수심으로 남자들을 만나기 시작했다. 그래도 결혼이라는 끈은 놓지 않았다. 하지만 그 끈이 길어질수록 제시카의 신경은 쇠약해져갔다. 제시카처럼 자유롭게 살던 사람이 결혼을 유지할 수밖에 없었던 이유는 학습된 무기력Learned Helplessness 때문이었다.

가령 어떤 나쁜 상황에서 도저히 빠져나갈 수 없는 경험을 반복적으로 하게 되면, 나중에는 정말 빠져나갈 수 있는데도 나가지 않는 것을 학습된 무기력이라 한다.

남편이 때리지는 않았지만, 제시카는 육체적 폭력 이상의 정신적 학대를 매일 당하고 살았다. 제시카가 만나던 남자들의 일거수일투족을 조사한 다음 제시카를 위협한다거나(이 남자는 뉴욕의 경찰관이었다), 아니면 제시카의 마약복용 혐의를 들어서 제시카의 모든 것을 빼앗을 수도 있다는 협박을 심심찮게 했다. 참고로 과거의 마약복용에 대해서는 부시도, 부통령이었던 고어도 인정을 했다. 그만큼 이곳 미국은 걸리는 사람이 무진장 재수 없다고 여길 정도로 흔해빠진 게 마약이다.

그런 걸로 경찰관 남편이 위협하는 게 제일 참기 힘들었지만, 어찌할 도리가 없어서 결혼생활을 유지했다는 게 제시카의 말이다. 제시카는 불면증에 시달리고 술에 의지하기 시작했다. 그때부터 정신과 치료를 받기 시작했는데, 오히려 그녀의 우울증 증세는 더욱더 심해져만 갔다. 그녀 말로는 성욕도 싹 사라져 인생의 유일한 낙이었던 남자 만나는 일도 멈췄다고 했다. 그러자 모든 남자에 대한 증오심이 싹트기 시작했다.

한편 남편은 제시카에게 이혼을 통보했는데, 처음엔 그녀가 동의하지 않아 법적인 이혼이 성립되지 않았다. 제시카가 동의하지 않았던 이유는 그렇게 하는 것이 남편을 조금이나마 괴롭힐 수 있는 유일한 일 같아서였다. 당시 남편은 마치 결혼이라도 할 것처럼 어떤 한 여자에게 충실했기 때문이다. 좀더 시간이 지나서 제시카는 이혼에 동의했고 뉴욕에서의 모든 것을 정리했다. 그리고 이사를 온 데가 이곳 워싱턴지역이었다.

모든 걸 정리하고 이사를 왔다고는 하지만 마음만은 어쩔 수가 없어서 심한 우울증을 고스란히 가져왔고, 내가 다니는 직장에서 치료를 받기 시작했던 게 4년 전이다. 그동안 나는 제시카를 본 적은 없지만 하도 문제가 많아서 동료들에게 많은 이야기를 듣고 있던 터였다.

여기서 잠깐. 동료들이 나에게 자신들 환자 이야기를 한다고 해서 비윤리적인 것은 아니다. 환자가 처음에 들어올 때 '같은 병원에서 일하는 사람과는 필요한 대화를 나누거나 의논할 수 있다는 걸 이해한다' 라고 적혀 있는 서류에 서명을 하기 때문이다.

내가 제시카에 대해서 들은 것은 크게 세 가지였다.

- 우리 병원에서 통근치료를 받아온 4년 내내, 두 달에 한 번씩은 집에서 자살소동을 벌여왔다.
- 담당 테라피스트와 의사는 한 번이라도 자살시도가 성공할까봐 노심초사했기 때문에 그동안 여러 번 담당자가 바뀌었다.
- 남자에게는 절대로 치료받으려 하지 않는다.

　바로 이런 상황에서 병원 디렉터가 나를 불러 제시카를 담당해달라는 것이었다. 어떤 사람이든 담당하라고 하면 나는 다 받아왔지만 제시카만은 환자로 받을 수가 없었다. 남자를 증오하는 환자에게 남자 테라피스트가 웬 말인가. 나도 반대지만 환자도 분명히 거부할 일이었다.

　그런데 디렉터의 말을 듣고 보니 딱히 할 말이 없었다. 그의 논리는 이랬다. 지난 4년간 제시카가 원하는 대로 여자 담당자들을 붙여줘서 효과 본 게 아무것도 없다고 했다. 거기에는 근본적인 이유가 있는데, 남자에 대한 자신의 문제를 극복하지 못하기 때문이라는 것이다. 남자 테라피스트를 보면서 자신의 감정을 치고받고 하는 과정을 거쳐 조금이라도 극복하는 데 도움을 줄 수 있다면 그거야말로 치료라는 것이다.

　디렉터의 말이 맞다. 환자의 정신적 문제는 피할 게 아니라 끄집어내서 대면하도록 하는 게 기본이다. 그래도 그렇지, 왜 하필 나인가. 두 달에 한 번 꼴로 벌이는 자살소동을 감당할 것을 생각하니 눈앞이 캄캄했다.

　나는 마지막 희망으로 이런 질문을 했다.

나는 얼굴이 화끈대도록 미안하고 부끄러웠다.
환자에게 편견을 갖다니…… "제시카 미안해."

"나는 괜찮은데, 제시카가 분명히 싫다고 할 겁니다."

그런데 디렉터의 한마디 대답으로 나의 실낱같은 희망은 무너졌다.

"괜찮아! 내가 이미 설득했어. 자기도 자신은 없지만 시도를 해보겠대."

'이 여자가 다음 시간에도 나를 만나러 올까?'

한 번도 만난 적이 없지만, 이렇게 많이 알고 있는 환자가 있을 수 있을까?

제시카를 담당했다가 손을 뗐던 동료들은 우정 어린(?) 눈초리를 보내며 내 방문을 두드렸고, 물어보지도 않은 것들을 줄줄이 이야기해주고 갔다. 아무리 정보가 많아도 나는 무엇을 어떻게 해야겠다는 생각을 할 수가 없었다. 일단은 만나봐서 느낌을 평가해봐야 한다.

나는 시간 약속을 하기 위해 제시카에게 전화를 했다. 집에는 아무도 없는 것 같아 자동응답기에 메시지를 남겨놓았다. 내가 만날 수 있는 시간은 이러이러하니까 그중에 선택해서 연락해달라는 내용이었다. 그런데 전화를 끊자마자 연락이 왔다. 메시지를 받았고 본인은 이러저러한 시간이 좋다는 것이었다. 그렇게 제시카와 약속을 정했다. 제시카의 전화 목소리는 잔뜩 긴장돼 있었다. 남자들에 대한 증오심이 있다고 들었는데 남자 테라피스트를 보게 됐으니 너도 참 힘들겠다고 생각하면서 전화를 끊었다.

그 다음주에 제시카와 처음 만났는데 서른아홉이 아니라 언뜻 보면 이십대 초반으로 착각할 만큼 젊어 보였다. 단정하게 빗은 금발의 단발 머리 백인 여자는, 약간 살이 쪄 보이는 것 말고는 겉으로 아무 이상이 느껴지지 않았다. 오히려 굉장히 매력 있고 깨끗한 외모였다. 아마 이런 외모로 수많은 남자를 편력했으리라는 편견을 갖고 나는 질문을 시작했다. 테라피스트는 어떤 경우든 간에 환자에 대해 편견을 갖는 일이 용납되지 않는 걸 알면서도.

난 내공이 부족했다.

결론적으로 첫번째 만남은 무척 썰렁했다. 도대체 환자가 벌벌 떨면서 말을 하는데 마치 경찰이 용의자를 심문하는 기분이었다. 나는 최대한 안정시키려고 농담까지 곁들였지만, 그런 분위기에서는 우스운 농담도 쓴웃음을 짓게 했다. 첫번째 만남이 끝나고 나는 '이 여자가 다음 시간에도 날 만나러 올까' 하는 의문이 들었다. 아무려면 어떠랴. 난 손해 볼 것이 없는데.

아니나 다를까. 제시카는 다음주 약속 시간에 나타나지 않았다. 그리고 그 다음주에도 나타나지 않았고 아예 연락조차 되지 않았다. 어쨌든 내가 제시카 담당자인데 2주 동안 연락이 되지 않으니 슬슬 걱정이 되기 시작했다. 제시카를 담당했던 동료들에게 물어보니, 그럴 때는 경찰에 연락해서 문을 따고 들어가 확인을 해달라고 부탁해야 한단다. 워낙 자살시도를 많이 하는 여자라 무슨 일이 있을지는 아무도 모른다고 겁을 줬다.

나는 디렉터가 원망스러웠다. 멀쩡했던 나를 이렇게 머리 싸매게 만들다니.

처음부터 확실하게 싫다고 이야기했으면 될 걸, 그 말 한마디를 못해서 여기까지 온 나 자신도 원망스러웠다. 자존심이 알량하면 이런 일이 생기는구나 하면서 후회했다. 동료들의 조언대로 경찰에 연락했는데, 경찰 말로는 문을 따고 들어가보니 집에는 아무도 없다고 했다. 나는 아예 실종신고를 해버렸다.

제시카를 웃게 만든 뉴욕이야기

이곳 워싱턴지역에서 뉴욕까지, 규정 속도로 운전을 하면 6시간이 걸린다. 뉴욕에서 제일 번화한 곳이 엠파이어스테이트 빌딩이 있는 맨해튼이다. 맨해튼에서도 제일 번화해 보이는 곳이 타임스퀘어인데, 타임스퀘어의 제일 높고 잘 보이는 광고판을 삼성SAMSUNG이 차지하고 있고, 그 맞은편에는 엘지LG 상호가 눈에 확 들어온다. 연말에 한국의 종각에서 종을 치는 것처럼, 타임스퀘어에서는 커다란 구슬을 떨어뜨리는 행사를 하는데 이때 수십만의 인파가 타임스퀘어를 꽉 채운다.

이 행사는 너무나 유명해서 매년 전국적인 방송을 탄다. 뉴욕에는 항상 먹거리와 놀거리가 많은데, 특히 브로드웨이에 몰려 있는 뮤지컬 공연들은 빼놓을 수가 없다. 엘지와 삼성 광고판 사이의 타임스퀘어 한가운데를 보면, 놓칠 수 없는 꼭짓점에 작은 티켓오피스가 있다. 여기서 공연티켓을 사면 더 저렴하게 표를 구입할 수도 있고 브로드웨이의 공연 일정도 한눈에 알 수 있으니 매우 유용하게 이용한다.

이렇게 붐비는 타임스퀘어 한가운데서 내 차가 멈춰버린 적이 있다.

나 때문에 차들은 길게 줄을 서기 시작했고 아무리 도움을 요청해도 도와주는 사람은 하나도 없었다. 내가 사는 동네만 해도 차가 서면 서로 도움을 주는 분위기인지라 뉴욕의 인심이 참 각박하게 느껴졌다.

할 수 없이 나는 경찰에게 전화를 했는데 경찰의 말이 더 가관이었다. 나더러 교통정리를 하든지 밤을 새든지 알아서 하란다. 난 마지막 희망으로 택시를 불러 세웠다. 그리고 도움을 요청했더니만, 이 인간은 아예 돈을 먼저 달란다. 내가 보기엔 그냥 충전 한 번만 시켜주면 끝날 일로 너무한다 싶어 그냥 보내고 다른 택시를 불렀다. 그랬더니 똑같이 돈을 요구해 결국 5달러에 합의를 보고 나서야 충전하고 차를 움직일 수 있었다. 징한 놈들!

제시카가 발견된 곳이 바로 이 뉴욕의 타임스퀘어다. 사라진 이후 제시카는 뉴욕의 친구 집에 있었는데, 타임스퀘어에서 차 사고를 내는 바람에 경찰이 출동했고 실종 신고가 돼 있던 사람이라 내게 연락이 온 것이었다. 자살이라도 했으면 큰일이라고 하던 참에, 그 인상 좋지 않던 뉴욕경찰이 다 좋아지는 느낌이었다. 제시카는 그곳에서 일주일을 더 머물다가 돌아왔고, 거의 한 달 만에 두번째 세션session을 할 수 있었다.

난 무사히 죽지 않고 돌아와 내 경력에 오점을 남겨주지 않은 제시카가 고마울 따름이라서 '당신, 연락 없이 한 달이나 실종됐으니 다른 사람한테 치료받는 게 좋겠어요' 라는 말을 할 수가 없었다. 오히려 내가 경험했던 타임스퀘어에서의 황당했던 사람들 인심이며, 브로드웨이의 뮤지컬과 연극들 그리고 그곳 메리어트호텔 카페에서의 환상적인 치즈

케이크 맛을 들어가며 수다를 떨었다.

의도했던 건 아니지만 그게 꽤 효과가 있었다. 내가 뉴욕 이야기를 시작할 때부터 맞장구를 치더니만 타임스퀘어에서의 더러운 인심을 말할 땐 배꼽을 쥐고 웃었다. 뉴욕 사람들은 타지에 나가서도 뉴욕 이야기를 하면 그렇게 좋아한다는 친구의 말이 사실로 확인되는 순간이었다.

"제시카, 지금부터는 편지를 써야 해요"

우울증에 가장 많이 사용되는 치료법이 인지행동 치료Cognitive-Behavioral Therapy다. 잘못된 생각을 합리적이고 이성적인 것으로 잡아주고 행동의 변화를 가져오도록 한다는 게 이 치료법의 철학인데, 난 이것을 제시카에게 적용하기로 했다. 예전 제시카의 테라피스트들도 이 치료법을 썼었기에 그녀는 나의 여러 가지 질문에 매우 익숙하게 주저 없이 대답을 했다. 물론 '왜 예전에 했던 것을 또 하느냐?' 는 듯한 냉소적인 태도로 일관하기는 했지만 정확한 대답을 할 수 있었기에 그런 태도가 방해되지는 않았다.

제시카가 대답한 자신의 부정적인 생각들은 이런 것이었다.

- 만나는 남자마다 재수가 없다.
- 하는 일마다 망해서 병원비 갚을 돈도 없다.
- 제대로 할 줄 아는 일이 없다.
- 사랑해주는 사람이 아무도 없다.

■ 살만 쪄간다.

■ 죽고 싶을 때가 많은데 무서워서 죽지도 못한다.

여기서 일반적인 인지행동 치료라면 이런 부정적인 생각이 잘못됐다는 걸 줄기차게 설득하고 체계적인 과제물들을 잔뜩 내주겠지만, 그런 건 이미 예전 테라피스트들이 다 해봤을 터였다.

나는 좀 다른 방법을 써봤다. 커다란 도화지를 내 책상 위에 깔고 다른 색의 사인펜으로 생각나는 병원 빚을 모두 적어보게 했다. 생각나지 않는 빚은 그 다음 세션에 와서 적게 했다. 그렇게 목록을 완성해놓고 보니 여섯 군데의 종합병원에 총 5만 5천 불의 빚이 있었다. 심한 우울증 때문에 오래전부터 일할 처지가 못 됐던 제시카는 사회보장제도의 혜택을 받으며 살고 있었고 이렇게 많은 빚을 갚을 능력이 있을 리 없었다. 하루가 멀다 하고 날아오는 독촉장은 제시카에게 커다란 스트레스였다.

목록이 완성되고 나서 제시카가 말했다.

"이렇게 해놓고 보니 잊고 있던 것까지 정리가 돼서 좋긴 하지만 그렇다고 뭐가 바뀌는지는 모르겠네요. 내 모호해진 기억들을 정리하려는 게 목적이었죠? 이런 식으로 다른 주제에 대해서도 정리해 적다보면 내 문제에 대해 좀더 확실히 느끼게 된다, 뭐 이런 거 아니었어요? 좀 특이한 것 같아서 시키는 대로 하긴 했지만 앞으로도 계속 이런 식으로 적고 싶진 않군요. 적는 거 그만 해도 되겠죠?"

예전부터 치료를 많이 받아온 제시카는 마음대로 내 의도를 그렇게 해석했다. 나는 도화지가 아닌 A4 용지와 볼펜을 꺼내서 제시카에게 내밀며 이렇게 말했다.

"정말 미안하지만 지금부터는 병원에 편지를 써야 합니다. 가능할지는 모르겠지만 한번 최선을 다해보고 싶지 않나요? 편지 쓰는 게 어렵다면 내가 도와줄게요."

내 말을 듣고 제시카는 눈이 휘둥그레지면서 잠시 혼란스러워했다. 나는 '지금 하는 거 아무것도 아니다. 집에서 하루 종일 뭘 하라는 게 아니고 내 세션에만 와서 편지 쓰고 주소 찾고 누구한테 보낼 건지 적합한 사람 찾고 이런 거 하자는 거다. 혹시 병원들이 빚을 사면해줄지 누가 아느냐' 라고 하면서 설득했다. 거기다가 내 마지막 한마디가 결정타를 날렸다.

"제시카. 교회에 열심히 나간다고 했죠? 최선을 다한 게 한 가지라도 있어야 죽고 나서 신에게 덜 미안하지 않겠어요?"

뭐 교회에 열심히 나가는 것과 자살시도하는 사람이 잘 연결되진 않겠지만 그런 모순은 모든 사람에게서 볼 수 있다. 단지 정신적으로 약해져 있는 사람들은 모순이 눈에 보일 만큼 확연하다는 게 다를 뿐이다. 하여튼 제시카는 내가 제시한 프로젝트에 대해서 최선을 다하기로 했고 그 다음에는 결과에 연연하지 않기로 했다. 그녀는 최선을 다하겠다고 하면서 모순된 조건을 한 가지 내놓았는데, 나에게 오는 치료 세션 때만 최선을 다하겠다고 했다. 집에까지 가서 신경 쓰기는 싫다나 뭐라나.

제시카는 편지를 쓰기 시작했고 나는 편지에 들어갈 정신 병력에 대해서 아이디어를 제공했다. 글을 의외로 잘 쓰는 편이라 2주 후에는 아주 설득력 있는 멋진 편지가 완성됐다. 거기에 정신 병력에 대한 내 확인서까지 첨부되니 이건 거의 완벽해 보였다. 제시카도 나도 느낌이 무척 좋았지만 결과는 모를 일이었다.

기적이 일어나다

제시카는 이 사건을 기적이라고 했다. 편지가 들어간 여섯 군데 병원 모두에서, 병원비는 내지 않아도 좋으니 몸과 마음이 회복되길 바란다는 내용의 답장을 받았다고 했다. 내가 편지를 읽어보니 표현이 좀더 멋들어지게 돼 있었다. '우리한테 빚진 돈을 당신한테 기부하겠으니, 회복되기 바란다'는 식의 내용이었다. 미국은 기부donation 문화가 보편화되어 있다. 돈이 없는 사람들은 이런 식의 타협이 얼마든지 가능한 게 미국사회다. 하지만 빈부격차가 심해서 이런 타협이 필요한 사람이 너무나 많다는 게 문제다.

제시카는 이번 일로 5만 5천 불의 빚을 면제받게 됐고 목소리가 아주 밝아지기 시작했다. 무엇보다도 자신이 이런 일을 할 수 있었다는 사실을 뿌듯해했다. 나중에 알고 보니 나한테 털어놓지 않았던 2만 불의 학생 융자도 있었는데, 내 도움 없이 전화통을 한 시간 반이나 붙들고 싸워 병이 나을 때까지 한 달에 5불씩만 갚기로 합의하는 탁월한 솜씨(?)를 보였다. 이 일을 계기로 제시카는 자신을 비난하는 횟수가 확연히 줄어들었고 특히 자신이 재수가 없다는 말을 가뭄에 콩 나듯밖에는 하지 않았다.

　자신을 점점 더 좋아하면서 다른 문제도 어렵지 않게 치료 시간에 얘기했고 무엇보다 테라피스트인 나를 많이 신뢰하기 시작해 여러 가지로 치료가 수월해졌다. 또한 내가 남자인 관계로 남자에 대한 제시카의 증오심이 조금씩 극복되는 과정을 지켜보는 건 즐거움이었다. 무엇보다 나와 치료를 시작하면서 단 한 번도 자살시도를 하지 않았다는 점은 내가 생각해도 놀라운 일이다. 병원 디렉터를 비롯해서 동료들은 나의 이런 업적(?)을 자랑스러워했다. (하지만 별로 자랑스러워할 일이 아니었다는 게 나중에 밝혀졌다.)

　인지행동 치료 방법을 나는 이런 식으로 적용했고 제시카는 내가 의도했던 대로 생각이 조금씩 긍정적으로 바뀌더니 행동도 그렇게 바뀌어갔다.

　내 치료 경험으로 볼 때 우울증에 걸린 사람들은 자기가 독립적으로 나서서 뭔가를 할 만한 힘이 없다. 여기서 테라피스트의 가장 긍정적인 역할은 독립적으로 무엇이든 할 수 있게 동기유발을 해주는 데 있다. 그 동기유발이라는 것은 가장 가능성이 있다고 생각되는 일부터 시작하되 실용적이어야 한다. 자신의 우울증과 관련 없는 아주 작은 일이라도 자신이 진전을 이뤘다고 생각하면 그것은 마음의 가장 강한 에너지가 돼 다른 부분을 치료하기 시작한다.

　하여튼 제시카의 치료 효과에 대해 자기만족에 들떠 있을 때 사건이 터져버렸다.

제시카에게 프러포즈를 받다

제목 그대로다.

아이러니하게도 우울증이 치료되기 시작하자 이 여자의 남성편력 습관이 다시 나타나기 시작했다. 남자나 여자나 바람둥이에게는 약이 없다. 그리고 이 사람들은 그러한 습성을 고치려는 의지가 크지 않다. 그러한 의지를 키워주는 것이 테라피스트의 역할이라고 한다면 나는 이런 말을 하고 싶다. 테라피스트는 치료받을 의지가 있는 사람만 치료한다고 말이다. 물론 가족이나 친구가 있다면 이렇게 저렇게 설득하라는 작전지도를 그려줄 수는 있지만 결국 의지 없는 사람을 치료할 수는 없는 일이다.

그렇다면 이런 질문이 나올 수 있다.

깊은 우울증에 걸린 사람은 그 우울증 때문에 의지가 없을 수도 있는데, 의지가 없는 사람은 우울증 환자라도 치료하지 못하겠다는 말이냐. 나쁜 놈아!

그런데 그건 그렇지가 않다. 우울증은 병이다. 병은 웬만하면 치료라는 개념이 성립한다. 그런 경우에는 환자 본인이 의지가 없더라도 억지로 끌고 오든가 업어 오면 일단 치료는 시작된다. 그런데 테라피스트가 '치료'라는 말을 쓰기에 참 모호한 증상이 많다. 그런 경우에는 마치 도덕 선생님이 된 느낌인데 이럴 때 의지가 없는 사람을 치료할 수는 없다는 얘기다.

제시카의 남성편력 증상이 여기에 속했다. 생각해봐라. 남성편력을 병이라 할 수 있는가. 아니면 자유로운 삶의 방식 중의 하나라고 보겠는가. 물론 강박적인 남성편력이라면 병이라 할 수 있다. 그런데 임상적으로 볼 때 여기서는 남성편력이 병이 아니라 강박증이 병이 된다. 결국 이럴 때는 본인이 치료받고 싶다는 의지로 찾아왔을 때에만 남성편력이 문제로 성립되고, 치료라는 개념이 성립될 수 있다.

제시카는 그것을 문제로 보지 않았으니 그녀의 남성편력에 대해 내가 뭐라 할 입장이 못 되었다. 비록 그게 원인 중의 하나가 돼서 예전에 극심한 우울증에 시달렸지만.

오히려 그녀는 기뻐했다. 우울증에서 회복돼가면서 다시금 찾아들기 시작하는 에너지를 즐기고 싶어했고 발산하고 싶어했다. 그런데 그 타깃으로 찍힌 사람이 바로 나였다. 사람들 눈도 있는데 병원에 꽃을 들고 오지를 않나, 함께 저녁을 먹자고 하지를 않나. 거기다가 병원 디렉터한테 나와 결혼하고 싶다고 말하지를 않나. '환장하겠다'라는 말은 바로 이럴 때 쓰는 거였다. 그렇다고 말 한마디 차갑게 잘못했다가는 그동안의 치료가 다 수포로 돌아갈 위험도 있었다.

그래서 디렉터를 찾아가 의논했더니 이렇게 대답했다.

"상담치료 하다보면 이런 일은 흔히 있으니까 겁내지 마라. 좋은 경험이라고 생각하고 대처해라. 아무래도 그 환자와 너는 이제 마무리할 때가 된 것 같으니 마지막 세션을 통보해라."

나는 디렉터의 말을 듣고 사무실에서 나오며 속으로 이렇게 지껄였다.

'너는 참 좋겠다. 간단하게 지시만 해놓고 책임은 다 떠넘기면 그만

이니.'

테라피스트의 실수, 너무나 치명적인……

환자와 관련된 커다란 결정이나 의견에 대해서는 무조건 솔직한 게 최고다.

어떻게 제시카의 감정을 해치지 않고 솔직하게 털어놓을까 고민했지만 어느 정도의 위험은 감수할 수밖에 없었다. 나는 최대한 침착하게 제시카의 적합하지 않은 행동과 감정을 지적했고, 그동안 내가 시키는 대로 믿고 따라줘 회복되기 시작한 것에 대한 고마움도 표했다. 그러면서 다음주가 마지막이라는 걸 말했고, 이건 디렉터가 내린 결정이라는 것도 덧붙였다.

놀랍게도 제시카는 아무렇지도 않아 하며 이렇게 말했다.

"네가 불편했다면 미안하다. 그런데 테라피스트가 어떻게 그런 황당한 생각을 할 수 있나. 내가 상담 받아온 경력이 몇 년인데 환자와 테라피스트의 경계선도 모를 것 같나. 꽃은 네 사무실이 썰렁해 보여서 고마움도 표현할 겸 가져왔던 거고, 저녁 먹자고 한 건 네가 가지 못할 거 뻔히 알고 예의상 했던 거다. 그리고 네 상관한테 너 칭찬해주려고 전화해서 내가 결혼을 다시 한다면 너 같은 사람하고 결혼하고 싶다고 이야기했다. 내가 도대체 뭘 잘못했는데?"

나는 얼굴이 화끈대도록 미안하고 부끄러웠다. 이놈의 디렉터는 말을 전하려면 제대로 전해줄 것이지. 디렉터는 반농담조로 웃으며 이렇게 말했었다.

"그녀는 너와 결혼하고 싶어해."

그런데 이렇게 정확하게 말을 전했어야 했다.

"그녀는 너 같은 사람과 재혼하고 싶어해."

나중에 디렉터에게 따져보니 그녀는 이렇게 말했단다.

"결혼하고 싶을 정도로 내 테라피스트는 나를 잘 치료해줬어. 그런 사람 있으면 난 당장 결혼한다."

생각해보면 디렉터는 문제가 아니었다. 얼마든지 환자의 만족을 '너와 결혼하고 싶어해'라는 말 한마디로 함축해서 이야기할 수도 있는 거였다. 문제는 바로 나의 편견이 작용했을 수도 있다는 것이다. '많은 남자를 만나고 다니는 여자'라는 부정적인(?) 생각을 항상 해왔고 그런 편견이 환자의 호의를 오해한 거라면 나는 커다란 실수를 하고 있는 것인지도 몰랐다.

그런데 이미 엎질러진 물이었다. 나는 기어들어가는 목소리로 이렇게 말했다.

"정말이지, 너무 미안해."

내가 사과를 하자 제시카는 당장이라도 울 것처럼 몸을 떨었다. 그러더니 아무 말 없이 사무실을 휙 나가버렸다. 그리고 그게 내가 본 제시카의 마지막 모습이었다.

일이 이렇게 꼬이기는 했지만 난 병원의 다른 테라피스트에게라도 치료받게 해야 한다는 생각에 계속 연락을 취했다. 하지만 다른 병원으로 옮겼으니 걱정 말라는 메시지를 마지막으로 정말 끝나고야 말았다.

여전히 그녀의 진심을 모르겠다

제시카의 감정이 나의 오해가 아니라 사실이었다면 자연스러운 현상일 수도 있다. 즉 전이轉移라는 것이 얼마든지 일어날 수 있고 이번 경우처럼 성공적인 상담과정에서 그 전이가 더 크게 다가오면 동조로 인한 사랑의 감정이 싹틀 수도 있다.

그렇게 생각하면 상담원이 바뀌었다는 통보에 대한 제시카의 반응도 당연했다. 그것은 그녀가 가진 자기애와 방어기제의 표현이 아니었을까.

그녀는 어쩌면, 이전 혹은 이후에도 누군가에게 거부당했을 때 그와 유사한 '아닌 척하기' 행동을 할지도 모른다. 하지만 이건 나의 추측일 뿐이다.

여전히 나는 그녀의 진심을 모르겠고 내가 편견을 갖고 있었던 것은 아닌지 반성도 하지만, 여하튼 이야기의 핵심은 제시카를 모델로 해서 우울증이 극복되는 과정을 함께 지켜보자는 것이다.

내가 서툴러서 마무리가 좋지 못했고 지금은 어떻게 지내는지 모르겠지만 나와의 상담과정에서 제시카가 스스로를 딛고 일어설 수 있었던 힘은 무엇이었을까. 그녀 안에 있지만 그녀가 늘 억눌러왔던 자신감이 아니었을까?

잠재된 무의식 꺼내기

이 글을 읽으면 여러분은 앞으로 내가 할 얘기들을 좀더 명확하게 이해할 수 있을 것이다. 정신분석이론의 기초개념을 아는 이들은 건너뛰어도 좋지만, 워밍업으로 예전 기억을 되살려보는 것도 좋지 않을까 한다.

프로이트

프로이트의 훌륭함은 '무의식'의 개념 정립에 있다. 무의식은 빙산의 일각이다. 수면 위로 솟은 빙산의 일각이 의식이라면 바다 속에 숨어 있는 더 거대한 빙산은 무의식이다. 그 무의식이 의식에 지대한 영향을 미치고 있다는 프로이트의 개념 정리는 수많은 대문호와 예술가에게 영향을 끼쳤다.

프로이트가 정말로 대단한 또다른 이유는 그가 정신분석이라는 학문을 시작했고, 거기에서 파생해 수많은 심리학, 상담, 의학 관련 학문과 이론이 생겨났다는 것이다. 그가 시작해서 번성했기에 그를 학문의 아버지 중 한 명이라 불러도 손색이 없겠다.

그럼에도 프로이트가 종종 비난과 조롱의 대상이 되는 이유는 무의식의 근원을 '성sex'으로 봤기 때문이다. 나 역시 처음 그의 이론을 접했을 때 반발심이 먼저 생겼다. 성이야 나도 좋아하지만 무의식의 근원을 성으로 보고, 문제의 근원을 어릴 때 기억나지 않는 성의 불만족으로 본다는 건(이런 정리가 그의 이론을 너무 획일적으로 내몰고 있다는 걸 인정한다 해도) 무의식의 영역을 너무 국한하는 것이 아닌가라고 생각했다. 인간이 기억할 수 없는, 태어나서 5년여 간의 인생에서 모든 무의식이 정립돼버린다는 그의 이론을 쉽게 받아들일 수 없었던 것이다.

그러던 차에 융을 알게 됐다.

칼 구스타프 융

이 사람의 이론은 내게 충격적이었다. 왜? 프로이트 이론보다 더 황당했기 때문이다. 그런데 프로이트보다 덜 과학적이고 증명하기 힘든 그의 '황당' 이론이 무진장 끌렸다. '집단무의식'이라는 말, 너무 유명해서 다 한 번씩 들어봤을 것이다. 이 이론은 무의식을 개인 역사에 국한하지 않는다. 내가 한 번도 경험하지 못했지만, 내가 속한 집단에서 경험한 것이 나의 무의식에 들어 있다는 것이다. 이걸 좀더 넓게 해석해보자.

융의 집단무의식에는 내 조상의 역사가 있고 인류의 역사와 경험이 있다. 그걸 잘만 분석하면, 미래도 있다. 이 얼마나 황당한가? 집단무의식 이론이라면 도대체 해석 못 할 꿈이 없다. 이 이론 잘못 사용하다간 심리학자들 부채 들고 돗자리 펴는 일 생긴다. 하지만 융의 이론은 제한된 무의식의 세계를 제한 없는 넓은 경지로 끌어올리는 공헌을 한다. 이건 내 생각인데, 아무리 생각해도 융은 불교신자 같다.

집단무의식 이론과 불교의 연기緣起 이론이 얼마나 유사한가. 연기 이론이 뭔가? 한마디로 '이것이 있으니 저것이 있고, 저것이 있으니 이것이 있다. 내가 있으니 그게 있고, 그게 있으니 내가 있다. 그러니 이 세상에 연관되지 않은 것이 없고 하나에 포함되지 않는 것이 없다'는 말이다. 융에게서 불교 냄새가 나는 또다른 증거가 있다. 『티베트 사자의 서』 영문번역판을 보면 서문에 융의 감상문이 무척 길게 실려 있다.

하여튼 집단무의식 이론은 한참을 더 공부해봐야 할 주제이고 과학적 증명이 좀 아쉬운 이론이지만 난 그 이론을 받아들이려 노력하고 있다. 왜? 환자들이 겪는 모든 일에 대해서 무척 유용한 해석을 제공해주기 때문이다. 무엇보다 제한되지 않은 무한대의 것들이 무의식 속에 있다는 것, 난 그것 하나는 확실하게 믿는다. 이 이론들을 적용할 예들은 앞으로 심심찮게 나올 것이다. 프로이트와 융을 이야기하면서 무의식까지 곁들였으니 정신분석학의 반은 알고 가는 거다.

당신의 무의식을 꺼내라

정신분석학의 궁극적 목적은 인간 안에 있는 무의식을 끄집어내서 의식과 일치시키는 데 있다. 문제가 되는 행동이 있으면 그 행동과 관련된 무의식을 찾아낸다. 그리고 그 무의식을 인지하고 의식하며 행동할 때 그건 이미 무의식이 아니라 의식이 되고, 행동은 치료가 된다. 무의식을 많이 끄집어내 의식과 합치하면 할수록 인간은 더 잘 살게 된다.

무의식과 여행. 당장에 콕 꼬집어 말하진 못하지만, 뭔가 잘 어울리는 단어들이라 생각되지 않는가? 난 여행을 가면 미술관을 거르지 않고 찾는다. 무의식이라는 개념으로 작가들의 내면을 보려고 할 때 그림이 무척 흥미진진해진다.

그렇게 무의식을 보려고 한참을 폼 잡다가 종국에는 넓은 미술관을 제대로 구경도 못 하고 다리가 아파서 나온 적이 많다. 인간의 그림이나 행동을 보고 그 사람의 무의식이 한번에 꽂히는 경지가 되려면 얼마나 공부하고 경험해야 될까. 그 경지에 오른 테라피스트를 보면 무척 부럽다.

심하게 우울하거나 아픈 사람 빼고 인간은 누구나 여행을 갈망하는 것 같다. 테라피스트는 환자의 여행에도 관여한다. 종종 여행을 좋아하는 환자들이 있는데 그들은 항상 떠나기 전에 테라피스트의 의견을 구한다. 여행을 갈 수 있는 상태인지 아닌지에 대한 자문이다. 테라피스트의 말을 심각하게 받아들이는 편이라서 가지 말라고 하면 가지 않는 경우가 많다.

그런데 그 의견을 이야기하는 게 보통 일이 아니다. 여행을 다녀와서 입원하는 환자가 있고, 더 좋아지는 환자가 있다. 똑같은 환자가 그 다음번에는 반대로 되기도 한다. 그런데 경지에 오른 테라피스트는 그걸 한 번도 틀리지 않고 예상하더란 말이다.

여러분은 앞으로 나와 여행을 하면서 잠재된 무의식을 꺼내는 연습을 하게 될 것이다. 자신의 무의식을 최대한 많이 꺼내 의식과 일치시키는 데 도움이 되길 바란다.

에릭이 서쪽으로 간 까닭은?

에릭은 무려 3개월간이나 실종된 적이 있었다. 내가 살고 있는 미국 동부의 거의 끝에서 서부 끝까지, 걷다가 차를 얻어 타다가 하면서 대륙횡단을 한 것이었다. 아무 준비도 없이 맨손으로 말이다. 경찰에 발견돼서 내 앞에 다시 나타났을 때 그는 3개월 전에 입던 옷을 그대로 입고 있었다. 그는 왜 그랬을까?

에릭의 어머니가 사망했다. 이곳의 워싱턴포스트라는 일간신문은 매일 누가 사망했는지 부고를 싣는다. 어느 날 아침 우연히 신문을 넘기다가 익숙한 사진 속의 얼굴이 있어서 자세히 이름까지 살펴보니, 내 환자 에릭의 어머니였다.

지난 2년간 최소한 일주일에 한 번씩은 전화를 해서 에릭의 상태를 물어보던 그 할머니가 죽다니. 에릭이 어떤 반응을 보일지 두려웠다.

에릭은 30여 년 전부터 심각한 정신장애가 인정돼 정부에서 제공하는 아파트에 살고 있는 마흔여덟 살의 백인 남자다. 자기 말로는 아버지 쪽의 배다른 형제가 세 명 있는데 오래전 소식이 끊긴 이후로는 어디에 살고 있는지 모른다고 했고, 유일하게 알고 있는 혈육이라고는 자신을 항상 챙겨주고 걱정하는 팔순의 늙은 노모뿐이라고 했다. 나에게 치료를 받기 시작한 게 2년 전이었는데 그때만 해도 그는 어머니와 함께 살고 있었다.

에릭은 왜 혼자 살까?

내가 에릭을 담당하게 된 것은 그의 테라피스트가 다른 병원으로 직장을 옮겼기 때문이다. 남기고 간 노트를 꼼꼼하게 읽어보니, 에릭의 병은 회복이 가능하지 않은 그런 병이었다. 거의 30여 년 동안 에릭은 어딘가에서 들려오는 목소리에 시달려야 했다. 약을 먹으면 그 목소리가 잘 들리지 않았지만, 잠을 자느라 약을 먹지 못할 때는 다시 목소리가 다가와 명령을 내렸다.

'이제 다시는 약 먹지 마.'

그때가 되면 에릭은 약을 먹지 않았다. 그리고 들리는 목소리는 더 커져만 갔다. 그 상태에서 조금 더 시간이 지나면 에릭은 자신을 해치기 시작했다. 막대기와 돌멩이로 쉴 새 없이 자신의 머리를 때리거나 자신의 방 벽에다가 알 수 없는 낙서를 해서 아파트 관리인에게 경고를 받거나 하면서 말이다. 전형적인 정신분열증schizophrenia 증상이었다.

그때만 해도 함께 살고 있던 에릭의 어머니는 참 희생적이었다. 아들의 약 한 알 한 알에서부터 지속적인 건강검진과 영양분 섭취까지 에릭의 문제라면 챙기지 않는 것이 없었다.

에릭의 어머니는 울면서 종종 내게 이런 질문을 했다.

"저런 상태로 수십 년을 살아온 녀석입니다. 그래도 희망이 있을까요?"

그런 질문을 받을 때마다 나는 이런 생각을 했다. '희망이라, 30여 년간 별 차도 없이 살아왔던 자신의 아들을 누구보다 잘 아는 그녀에게는 얼마나 사소한 것까지 희망이 될 수 있을까. 혹시 완치를 기대하고 있는 건 아닐까?' 난 처음에는 솔직한 의견을 얘기했다. 에릭의 병은 완치될 수 있는 병이 아니며 약과 상담을 통해서 더 나빠지지 않게만 도와줄 수 있다고.

내가 이렇게 이야기할 때마다 에릭의 어머니는 좌절의 한숨을 푹 쉬었다. 그러면서 또다시 그녀는 같은 질문을 했다.

"희망이 있을까요?"

같은 얘길 아무리 해줘도 그녀는 또다시 질문했지만 나는 한 번도 왜 같은 질문을 하느냐고 묻지 않았다. 에릭의 어머니는 항상 무엇인가를 정돈하고 있었지만 아파트는 언제나 온갖 잡동사니로 지저분해져 있었다. 다시 그 아파트에 가보면 이미 정돈했던 것들조차도 그녀는 어지럽히고 있었다.

'아, 강박증이로구나!'

하지만 가끔 이렇게 묻게 되는 건 어쩔 수 없다. '에릭은 왜 서쪽으로 갔을까?'

거기다가 강박적으로 반복하는 '희망이 있을까요?' 라는 질문은 나의 이런 생각을 더욱 굳혔다. 치료를 받으라는 나의 권유에 그녀는 이미 오래전부터 치료를 받고 있노라고 했다. 그리고 이렇게 이야기했다.

"에릭의 아버지는 더 심했어. 그를 닮았는지 에릭의 배다른 세 형제도 모두 치료를 받고 있었지. 모두 정신분열증세로 병원을 들락날락했어."

글쎄, 어디부터 어디까지를 유전의 영향이라고 볼 수 있는지는 나도 확실히 모르겠지만, 에릭의 집안에 대해서 더 물어봤을 때 나는 입이 저절로 벌어졌다. 에릭의 아버지 쪽 조부모가 모두 정신분열증세가 있었고 일가친척과 외가를 합하면 정신 병력이 있거나 있었던 사람을 헤아릴 수 없을 정도였다.

물론 집안의 정신 병력에 상관없이 멀쩡하게 살아가고 있는 사람이 더 많다. 다만 내가 이야기하는 사람들은 병이 있어서 치료를 받으러 온 이들에 한한 것이니 정신 병력의 유전에 대해서 여러분은 너무 일반화하지 않기를 바란다.

"왜 모두들 연락이 끊어지고 둘만 남았죠?"

나의 질문에 그녀는 의외라는 듯 두 어깨를 올리면서 이렇게 대답했다.

"연락을 안 하니까 끊어지지."

그해 겨울 나는 에릭의 어머니로부터 전화 한 통을 받았다.

"나 이제 노인센터로 이사 가려고요. 이젠 정말 걷기도 힘들어. 에릭을 더 도울 수가 없으니 이사 가야지. 죽더라도 에릭 없는 데서 죽어야 편해. 내 불쌍한 에릭 좀 잘 부탁해요. 내가 함께 살지 않아도 매일 에릭 상태를 전화로 점검할 거니까 별로 변하는 건 없을 거요."

참 힘든 결정이었지만 에릭의 어머니는 그렇게 하기로 했다. 점점 기력이 없어지는 몸이 아들에게 부담 주는 것을 용납할 수 없었기 때문이다. 에릭의 어머니는 노인센터로 이사를 갔고 에릭은 아파트에 혼자 남게 됐다. 그리고 정말로 지난 2년간 그녀는 일주일에 한 번씩 꼬박꼬박 전화를 해서 아들의 상태를 체크했다.

뭐 항상 같은 내용이었지만 나는 비슷한 말을 일주일에 한 번 정도 반복해야 했다. 그랬던 그녀의 사망소식이 실린 신문이 내 손에 들려 있었던 것이다.

어머니의 죽음에 무덤덤한 에릭

가끔씩 테라피스트가 담당하는 환자가 사망하는 경우가 있다. 아침에 깨지 않아 자세히 보면 이미 숨을 거뒀거나 갑작스런 호흡곤란으로 가슴을 쥐다가 죽었다거나, 잠자기 전에 실수로 호흡보조 장치를 빼놓았다가 숨을 거두는 등 셀 수 없이 많은 이유가 있다.

이럴 때 우리가 가장 힘들어하는 것 중의 하나가 가족들에게 죽음을 알리는 일이다. 거꾸로 가족의 죽음을 환자에게 알리는 것 또한 고역이다. 사랑하는 사람을 잃은 사람의 마음이야 심각한 정신병이 있다고 해서 다르지 않으니 새삼 그들의 반응을 말하진 않겠다.

이런 일을 알리는 일은 웬만하면 혼자서 하지 않는다. 나는 누구에게 도움을 청할까 고민하다가 롸즈에게 부탁했다. 롸즈는 병원에서 명망 있고 존경받는 여자 테라피스트다. 교수직을 맡았다가 은퇴하고 파트타임으로 병원에서 일하는데, 동료 중에는 그녀의 제자도 있으며 많은 이들이 그녀와 어려운 문제를 상의했다. 어찌나 따뜻하면서도 냉정한지 그녀가 하는 말은 쉽게 수긍이 되고 어긋나지를 않았다. 나는 롸즈에게 에릭과 그의 어머니에 대해 말했고 그녀는 흔쾌히 나와 함께 있어주겠다고 했다.

드디어 에릭이 찾아왔고 나는 롸즈와 함께 그를 맞았다. 에릭의 긴 수염과 담배에 찌든 모습은 그날따라 유난히 스산해 보였다. 이제 에릭은 정말 혼자였다. 아무도 더이상 에릭을 일일이 챙겨주거나 걱정해주지 않을 것이다. 그리고 아무도 더이상 내게 희망이 있느냐는 질문을 하지 않을 것이고 별로 말을 하지 않는 에릭의 입은 더욱 닫혀버릴지도 모를 일이었다.

"에릭, 정말이지 안됐어요. 당신한테 어떻게 말해야 할지 난감합니다. 당신 어머니가 돌아가셨어요. 진심으로 심심한 위로를 표합니다."

나는 용기를 냈고 더듬거리면서, 하지만 에릭을 유심히 살피며 이야기를 꺼냈다. 옆에서 롸즈가 잘했다는 듯 엷은 미소를 지어주었다. 하지만 이해 못 할 일은 그때부터 일어났다.

"정말요?"

이 말이 에릭의 입에서 나온 첫번째 반응이었는데 해석하기에 따라서는 뭐가 이상하냐고 볼 수도 있겠다. 하지만 이 대답이 왜 그렇게 황당했는지 약간 설명하겠다. '정말요'라는 말은 상황과 어감에 따라서 그 느낌이 확연하게 차이나는 단어다. 슬픈 어감으로 '정말요?'라고 반응했다면 나는 에릭이 슬프다고 이해했을 것이다. 그런데 에릭은 마치 남의 이야기를 하듯 그리고 아무런 감정 없이 툭 던지듯이 '정말요?'라고 말했던 것이다. 그뿐이 아니었다. 자신의 어머니가 언제 사망했느냐는 질문 이외에 다른 것은 묻지도 궁금해하지도 않았다.

에릭의 반응은 참 의외였다. 자기 때문에 하루하루 노심초사하면서 지낸 어머니를 조금이라도 생각한다면 도저히 그런 반응은 나올 것 같지 않았다. 뭔가 많이 허무하다는 생각 속에 장례식에는 꼭 참석하라는 말을 덧붙이며 에릭을 서둘러 보냈다.

"죄송해요, 롸즈. 이럴 줄 알았으면 그냥 나 혼자 하는 건데. 아무렇지도 않아 할 일을 갖고 괜한 긴장을 했어요."

차라리 다른 부탁을 하는 건데 이미 쉬운 일에 기회를 써버린 기분이었다. 나는 지난번에 롸즈에게 함께 해달라는 부탁을 하면서 에릭에 대해 많은 얘기를 했다. 그래서 방금 일어난 일에 대해 롸즈는 나름대로 정확한 분석을 해줄 것 같았다.

나의 질문에 롸즈는 주저없이 말했다.

"분열성 성격장애 현상이야. 감정이 없으니 슬프지가 않은 거야."

분열성 성격장애자

담당의사도 나도 간과한 부분이었다. 정신분열증만 생각했지 한 번도 성격장애에 대해서는 생각조차 하지 못했다. 롸즈의 예리한 관찰력이 아니었다면 아마도 지금까지 에릭의 진단서에는 '분열성 성격장애'라는 진단이 빠져 있었을 것이다.

🌸 분열성 성격장애는 무엇인가

- 가족을 포함한 친한 인간과의 관계에 대한 갈망이나 즐거움이 없다.
- 항상 외롭고 고독한 일을 선택하는 경향이 있다.
- 성에 대한 관심과 열망이 거의 없다.
- 자신을 즐겁게 하는 어떤 행동이나 활동 같은 게 거의 없다.
- 다른 사람이 칭찬을 해주거나 비판을 해도 무관심하다.
- 한마디로, 감정이 평평한 사람이다. 평평한 감정 때문에 차가워 보이고 세상과 동떨어져 보인다.
- 정신분열증과 깊은 연관이 있으며, 일반적으로 정신분열증 증상 이전부터 관찰된다.

위의 증상 가운데 네 가지 이상 해당하면 분열성 성격장애일 가능성이 높은데, 에릭은 모두 해당하니 확실했다. 그리고 보니 자기 엄마가 사망했다는 소식을 전해 들었을 때의 에릭의 태도가 이해됐다.

나는 분열성 성격장애 증상을 생각할 때마다 마치 도를 깨친 사람들의 행동을 나열한 것 같다는 생각이 든다.

이 세상의 수많은 종교 창시자나 그 종교에 깊이 빠져 내적 성취를 이룬 사람들 그리고 종교가 아니더라도 여러 종류의 내적 정진을 통해 성취를 이룬 사람의 행동을 보면 분열성 성격장애의 증상들과 일맥상통하지 않은가. 우리가 존경하는 많은 내적 성취자는 대개 세상일과 죽음에 초연하며, 누가 뭐라 해도 평평한 감정을 유지하고 있지 않나. 게다가 종교를 통해서나 개인적인 방법으로 도를 닦는 이들이 환상이나 환청이야기를 얼마나 많이들 하는가.

참 아이러니한 일이지만 우리는 분열성 성격장애인이 되기 위해서 인생의 도를 닦는가? 하지만 나는 그 점에 있어서 그리 걱정하지 않는다. 이들과 분열성 성격장애인과는 엄청난 차이가 있기 때문이다. 분열성 성격장애인은 사랑, 자비, 구원, 중생 등의 주제에 관심이 없다.

에릭이 돌아왔다!

에릭은 어머니의 장례식 이후에도 분명히 멀쩡했다.

그렇게 아무렇지도 않게 5개월인가 흘렀는데 감쪽같이 사라져버려서 거의 100일 동안 나타나지 않았다. 물론 지난번 제시카의 경우처럼 경찰에 실종신고를 하고 아파트도 조사하며 난리를 쳤지만 도대체 별다른 단서를 찾을 수 없었다. 단서라 봐야 기껏 청바지에 체크무늬 상의를 입고 어딘가로 향하는 에릭과 인사를 했다는 이웃 남자의 증언밖에는 없었다.

단서가 없으니 에릭이 어디로 향했는지는 예상조차 할 수 없었고, 그저 제시카 때처럼 경찰에서 연락이 오길 기다리는 수밖에 없었다.

그렇게 두 달이 지나고부터는 어딘가에서 에릭이 사망했을지도 모른다는 말이 나왔지만 그건 여러 가능성 중 하나일 뿐이었다. 에릭은 어디로 갔을까? 동료들에게 의견을 물어봤지만, 그들이라고 딱히 대답할말이 있을 리 없었다. 그런데 항상 예리한 롸즈의 말이 그럴듯했다.

"아마 어머니를 잃은 충격으로 어딘가를 헤매고 있을 거야. 분열성 성격장애인들은 엉뚱한 방법으로 여행하기를 좋아하는 것 같더라고. 물론 본인들조차도 왜 그러는지 이유를 모르는 경우가 대부분이지. 분명히 살아 있을 거야. 걱정 마."

그로부터 한 달이 더 흘렀다. 이제는 아예 에릭을 드문드문 생각하고 있었다. 가끔 궁금해질 때마다 '어딘가에서 잘 지내고 있겠지'라는 생각으로 덮어버렸다. 에릭의 어머니를 생각하면 참 미안한 일이었다.

거기서 일주일이 지난 어느 날 '위기관리센터Crisis Center'의 사회복지사로부터 연락이 왔다. 에릭 소식이었다. 방금 LA에서 비행기를 타고 워싱턴에 도착했으며, 공항에서 경찰에 의해 그곳으로 인도됐다고 했다.

'LA?'

무일푼인 그가 어떻게 거기까지 갔으며 비행기는 또 어떻게 탔을까? 여행을 떠난 이유부터 시작해서 모든 게 의문투성이였다. 나는 한달음에 위기관리센터로 달려갔다.

원래 미국의 위기관리센터라는 데는 많은 사람에게 참 만만한 곳이다. 예를 들어서 정신관련 위기(자살, 가정폭력 등)뿐 아니라 집을 잃어버리거나 아픈데 어찌할 바를 모를 때 위기관리센터에 전화를 해 도움을 청한다. 그리로 달려간 사람들은 웬만큼 치료가 될 때까지 머물기도 하며 집을 잃은 사람에게는 임시거처를 마련해주기도 한다.

경찰도 그곳이 만만했던 모양이다. 에릭을 공항에서 데려오자마자 위기관리센터에 떨어뜨리고 떠나버린 것이다.

"말을 너무 안 해서 도대체 상태가 어떤지 알 수가 없어요. 경찰이 넘겨준 기록에 미스터 권이 담당자라고 해서 연락을 했어요."

담당 사회복지사인 세라는 나를 보자마자 이렇게 말했다.

"LA에 도착해서 이모한테 연락을 했나 봐요. 그 이모가 비행기를 태워 보냈고 경찰은 공항에서 이곳으로 에릭을 넘겼어요."

'이모가 있었나?' 하기야 많은 사람이 이혼과 재혼을 반복하는 이곳에서 족보를 따지자면 참 복잡하다. 영어로 단순히 'Aunt'라고 하면 구체적으로 어떻게 되는 관계인지 알 수가 없다. 그리고 보니 한국말로도 '이모'라고 하면 꼭 어머니의 친언니나 여동생만을 뜻하지는 않는다.

세라는 또한 LA의 이모가 구체적으로는 에릭과 어떤 관계인지 자신이 어찌 알겠냐고 반문한다.

"나는 에릭에 대해 아는 게 없으니까, 미스터 권이 상태를 보고 결정해줘야겠어요."

병원에 감금입원시키느냐 그냥 집으로 돌려보내느냐, 에릭의 상태를 보고 결정을 해달라는 말이었다.

세라가 안내한 방에 들어갔다. 마치 상담하는 방처럼 안락한 의자가 있고 불빛까지 적당히 조절되어 있다. 잠시 후 세라가 어디선가 에릭을 데리고 방으로 들어섰다. 청바지에 체크무늬 상의. 내 눈에 가장 먼저 들어온 건 바로 에릭이 입고 있던 옷이다. 에릭은 같은 옷을 입고 어딘가에서 거의 100일을 보냈던 것이다.

신기한 건 아무 냄새가 나지 않았다는 것이다. 나는 세라에게 에릭과 단둘이 얘기하고 싶다고 했다. 세라는 잠시 주춤하면서 이곳에서 환자와 방문자 단둘이 있는 것은 규정에 어긋나지만 시간을 주겠다며 밖으로 나갔다. 아마도 세라는 방문 앞에 서 있으리라.

"오래간만이에요, 에릭. 그동안 잘 지냈어요?"

"네."

"그동안 어떻게 지냈어요?"

"잘 지냈어요."

'젠장! 그러잖아도 말이 없는 사람인데 질문을 이상하게 시작했다.' 나는 다른 질문을 시도했다.

"여행하다 온 것 같은데, 이번 여행에서 뭐가 제일 재미있었어요?"

"모르겠는데요."

에릭의 입은 예전보다 더 굳게 닫혀버린 것 같았다.

나는 세라에게 병원에 에릭을 입원시켜달라고 했다. 참고로 내가 일하고 있는 병원은 감금치료를 하는 곳이 아니다. 그래서 감금치료가 가능한 병원들과 유기적인 협력을 한다. 나는 감금 정신병동이 있는 병원들 중 함께 일을 하기에 가장 편한 병원 한 곳을 추천했고, 세라는 능숙하게 일을 처리하며 에릭을 즉시 그 병원에 입원시켰다.

에릭은 한 달간 입원했다. 그동안 먹지 않던 약들을 입원기간 중 다시 먹기 시작했고, 개인심리치료와 그룹심리치료를 함께 받았다. 무엇보다도 그동안 부족했을 영양분을 제대로 섭취할 수 있었다. 나는 감금병원에서 에릭을 다시 만났다. 지난번보다 훨씬 좋아 보였다.

"지금 어떤 소리가 들려요?"

나는 다짜고짜 증상부터 파악하고 싶었다. 에릭은 소리가 거의 들리지 않는다고 했다. 에릭은 증상이 좋아질 때 말수가 좀더 많아지는 경향이 있다. 지난번 실종사건에 대해서 물어볼 좋은 기회였다.

"지난번에 어디로 가서 뭘 했는지 말해줄 수 있어요? 궁금해서 견딜 수가 없어 지금까지 다시 물어볼 기회만 엿보고 있었어요."

에릭은 픽 웃더니 드디어 입을 열기 시작했다.

"그 목소리는 내 친구란 말이요!"

에릭은 어머니가 사망한 이후에 약을 먹지 않았다. 직간접적으로 하루하루 꼼꼼하게 약을 챙겨주던 사람이 없어졌으니 약을 먹지 말라는 환청에 기대기 시작했다. 약을 끊어버린 이후 들리는 목소리는 더욱 커지고 잦아졌다. 그리고 그 목소리와 함께 길을 떠났다. 목소리가 떠나자고 했던 것은 아니지만 꼭 그렇게 하고 싶은 생각이 이유 없이 들었단다.

"왜 그 지경이 되도록 약을 먹지 않았습니까?"

나의 힐난에 에릭은 이렇게 대답했다.

"목소리는 내 유일한 친구요. 시끄러워서 방해될 때는 약을 먹지만 심심할 때야 굳이 먹을 필요가 없지."

에릭이 처음에 길을 나섰을 때는 그렇게 긴 여행을 할 생각이 아니었다. 단지 산책을 시작했을 뿐이다. 그런데 이 부분을 에릭도 잘 설명하지 못했다. 단지 목소리와 함께 서쪽으로 좀더 걷고 싶었다는 게 최선의 설명이었다.

에릭의 행선지는 이러했다. 메릴랜드 주, 웨스트버지니아 주, 캔터키 주, 미주리 주, 캔사스 주, 콜로라도 주, 유타 주, 네바다 주 그리고 캘리포니아 주에 들어가 LA에서 여행을 마쳤다. 참 용하게도 미 대륙의 한가운데로만 걸었다. 나름대로 가는 곳마다 추억이 있어서 행선지를 잘 기억하고 있었다. 나는 에릭이 경험한 그 추억에 대해서 질문했다.

에릭의 말로는 모든 사람이 그에게 친절했단다. 서쪽으로 걷다가 다리가 아프면 지나가는 차를 잡아서 탔다. 자가용 운전사건 트럭 운전사건 모두가 친절했고 에릭의 여행은 더 수월해졌다. 특히 그들은 에릭을 그냥 보내지 않고 돈을 줘서 보냈는데, 그 돈으로 음식을 사먹기도 하고 좋아하는 담배도 실컷 피울 수 있었단다.

하기야 에릭의 모습을 보고 있으면 엄청 선하고 어린아이 같은 모습이 느껴지기도 하니까 충분히 가능했을 거라는 생각이 들기는 했다. 그런데 돈을 준 것으로 볼 때 혹시 에릭이 동냥이라도 하지 않았나 하는 생각이 들었지만 에릭은 그런 적 없단다. 내가 알기로는 절대 거짓말할 사람은 아니니까 지금 지원까지 받은 것은 운이 좋았던 것으로 생각됐다. 돈이 떨어지거나 밤이 돼도 (에릭 말로는) 얼마든지 갈 곳이 있었다.

늦은 밤에는 굳이 걷지 않고 노숙자들의 숙식처가 제공되는 보호소 shelter를 물어물어 찾아갔다. 그곳에서 저녁과 아침을 해결하고 샤워를 했고 가끔씩 세탁도 했다. 가는 곳마다 대부분의 지역에 보호소가 있었지만 찾지 못하는 경우도 여러 번 있었단다. 그럴 때도 에릭에게는 좋은 해결 방법이 있었다. 교회를 찾아가는 것이다. 교회에서는 설교를 듣는 조건으로 숙식을 해결해줬다.

그렇게 에릭은 서쪽으로 서쪽으로 향했고 캘리포니아 주에 도착했을 때 이제 대륙횡단을 거의 마쳤음을 알았다. 에릭은 마지막 행선지로 LA를 택했다. LA를 종착점으로 택한 이유는 거기에 이모님이 있었기 때문이다.

내 예상대로 에릭 어머니의 친자매는 아니고 에릭에게는 먼 친척에 해당했다. 하지만 어릴 때부터 어머니와 함께 자라고 의지해왔기 때문에 에릭에게도 무척 편한 사람이라는 것이다. LA에 도착하자마자 그 이모에게 전화를 했고 이모는 에릭을 반갑게 맞이했다. 그 이모 역시 에릭의 상태를 잘 알고 있던 듯했다. 반가워했지만 에릭의 이야기를 듣자마자 경찰에 신고했고 자비로 비행기를 태워서 동부의 워싱턴지역으로 보내버렸다. 이렇게 에릭은 100일의 긴 여행을 마쳤다.

이해하려 하지 말고 그냥 받아줘라

어찌 보면 에릭의 여행은 스님들의 여행과 너무 유사했다. 욕심 없이 그리고 하염없이 걷다가 인연되는 차를 얻어 타고 인연되는 장소를 찾아가 숙식하다가도 몸이 편한 곳에 머물지 않고 다시 일어나 걷기 시작했던 여행. 그것은 만행萬行이었다.

영화 〈포레스트 검프〉의 주인공 생각도 났다. 사랑하는 여인이 죽었을 때 주인공은 미국 대륙을 하염없이 뛰다가 어느 날 갑자기 멈춰 선다. 그 영화를 떠올리면 혹시 어머니의 죽음이 에릭에게도 그런 행동을 하게 한 원인이 되지는 않았을까 싶기도 하지만 그건 나와 동료 롸즈의 가설일 뿐이었다.

요즘에도 나는 에릭을 만난다. 아직도 약을 잘 먹기도 하고 심심할 때는 약 대신 목소리를 친구로 맞아들인다. 그럴 때는 가차없이 감금병원으로 보내버린다. 얼마 전에는 직장을 구해줬지만 정말 아무 이유 없이 그만둬버렸다. 그 직장이 정말 마음에 들고 일도 쉽지만 그냥 가기 싫어졌다고 하는 걸 이해하기는 힘들었다.

에릭은 계속 그렇게 살고 있다. 에릭은 지금도 '왜 그랬을까'라는 질문을 수없이 하게 만드는 행동들을 하지만 도대체 그 이유를 정확히 발견한 적은 한 번도 없다. 그래서 그냥 있는 그대로 받아들이기로 했다. 마치 여행가들에게 왜 여행을 하느냐는 질문을 하면 무슨 대답을 해야 할지 망설이게 되는 이치와 같다.

지금까지 에릭이라는 환자를 통해 분열성 성격장애와 정신분열증 세계의 한 단면을 들여다봤다. 우리와는 다른 세계를 살아가는 사람들이 있고 그 사람들이 살아가는 세상은 어떻다는 것. 그리고 그 사람들의 정신은 우리와 다르며 이해하기 힘들다는 것. 그래서 때로는 있는 그대로 받아주면서 함께 생활해야 할 때가 있다는 것에 대해 함께 생각해보면 좋겠다.

그래도 가끔씩 질문을 해보게 되는 것은 어쩔 수가 없다.

'에릭이 서쪽으로 갔던 이유는 무엇이었을까?'

내 성격은 병일까?

사람은 누구나 특이한 성격 한두 가지는 지니고 산다. 나도 마찬가지다. 직업병일 수도 있지만 처음 보는 사람에 대한 주관적 판단이 무척 빠르다. 그나마 다행인 것은 나 스스로 이런 성격이 나쁘다는 것을 인정한다는 점이다. 그러나 쉽게 고쳐지지 않는다. 습성이 성격personality으로 고착화됐으니 쉽게 고쳐질 리가 있나.

여러분은 어떤가?

짐작건대 한번쯤 스스로의 성격에 대해 '이것도 병이 아닌가?'라는 생각을 해본 적이 있을 것이다. 또는 '저 사람은 완전 환자야'라고 생각하게 만드는 많은 유형을 직접 접했을 것이다.

이를테면 함께 여행에 동행하다가 황당한 이유로 틀어지거나, 정말 그럴 것 같지 않은 사람이 돈을 꿔가서는 한마디 말도 없이 침묵을 지키는 경우. 돈을 억지로 돌려주고서는 한참을 삐져 있다든지, 피곤하기만 하면 주변의 만만한 사람에게 짜증과 화를 내는 경우. 사람들 사이를 이간질한다거나 운전대만 잡으면 헐크로 돌변해서 욕을 입에 달고 다니는 경우 등등 셀 수 없이 많다.

우리 성격의 어떤 특이한 점에 대해 어디까지를 병으로 인정하고 어디까지를 정상이라고 구분해야 할 것인가.

성격장애, 그 미묘한 차이의 지층들

정신병은 크게 '임상적 장애Clinical Disorder'와 '성격장애Personality Disorder' 두 가지로 나눈다. 우리가 흔히 알고 있는 우울증이나 정신분열증, 기억상실증이나 약물중독 등이 임상적 장애에 속한다. 성격장애는 미국의 수많은 보험회사, 심지어 국가에서 주는 보험까지도 치료로 인정하지 않으려 할 만큼 어려운 병으로 간주된다.

보험회사에서 지원을 해주지 않는다고 해서 성격장애가 있는 사람이 치료받을 길이 없는 건 아니다. 최소한 우리 병원만 해도 성격장애 환자의 치료비는 모두 보험으로 처리한다. 그렇게 할 수 있는 건 많은 성격장애 환자가 심각한 임상적 장애까지 복합적으로 갖고 있기 때문이다.

성격장애의 개념 자체는 의외로 단순하다. 사람마다 특징적인 성격이 있는데 그 성격 때문에 다른 사람에게 계속 피해를 주거나 혹은 자기 스스로 사회에 적응하기 어려운데 그러한 성격이 계속 반복될 경우 일단 성격장애일 가능성이 있다.

전문가에 의해 성격장애가 인정됐다면 그 다음은 수많은 성격장애 중 어디에 속하는지를 아는 게 중요하다.

성격장애의 종류

자, 이번에는 성격장애에 대한 리스트다.

심호흡 길게 하시기를 바란다. 냉정하게 자신이 해당되는 항목이 나오면 눈으로 동그라미를 살짝 쳐보자.

편집성 성격장애 Paranoid Personality Disorder 사람들에 대한 불신과 의심이 여러 사람에게 병적이라는 말을 들을 정도로 엄청 강하다. 의처증 같은 경우.

분열성 성격장애 Schizoid Personality Disorder 우울증에 걸리지 않는 사람들이 있다. 물론 그것도 병이다. 바로 여기에 포함된 사람들이다. 모든 일에 무관심하고 무감각하며 혼자 있기를 좋아해서 차가워 보인다.

분열적 성격장애 Schizotypal Personality Disorder 공상의 세계에서 산다든지 주술이나 마술 혹은 종교의 세계에 너무 빠져서 지각능력까지 왜곡되는 장애를 말한다. 사이비 교주와 추종자들로 인해서 벌어지는 집단자살사건이나 도쿄 지하철 테러사건 등이 여기에 속한다. 또 자신이 어떤 예지능력이나 초능력이 있다고 생각하는 사람도 해당된다. 가령 어떤 사건이 생기면, 자신이 그렇게 미리 생각했기 때문에 그 사건이 일어났다고 생각하는 경향이 있다.

반사회성 성격장애 Antisocial Personality Disorder 감옥에서 막 나왔는데 또다시 문제를 일으켜 잡혀들어가는 사람들. 학교 다닐 때 맨날 주먹질을 하거나 다른 문제를 반복해서 일으키던 사람들, 아마 기억할 것이다.

경계선 성격장애 Borderline Personality Disorder 드라마나 영화를 보면 성격장애를 모티브로 한 캐릭터가 많다. 이 장애가 있는 사람들의 특징은 인간에 대한 갈망이 강하면서도 '버림받음'과 '거절'에 대한 두려움 때문에 안정된 인간관계를 지속하지 못한다. 또한 충동적인 행동을 하거나 감정과 정서의 변덕이 심하다. 예를 들어 애인에게 애정표현을 요구하다가 한 번이라도 거절당하면 그 애인과 관계를 끊으려 하거나(사실은 정말 끊으려는 마음이 아니지만) 힘들게 하는 경우다. 또한 정체성과 자아가 확립돼 있지 않아서 여러 가지 돌출 행동을 하며 자신에 대해 혼란스러워한다.

히스테리성 성격장애 Histrionic Personality Disorder 오버하거나 과장된 감성을 보이며 항상 관심, 주목, 칭찬을 받아야 하고 외모에 엄청난 신경을 쓰며 유혹적인 행동을 하는 사람이 여기에 해당된다. 흔히 얘기하는 공주병이나 왕자병일 수도 있겠다.

그런데 다른 사람에게 큰 거부감을 주지 않고 자신에게 무리가 가지 않는 한계에서 교묘하게 공주나 왕자 노릇을 하는 사람은 성격장애가 아니라 애교로 봐줘도 무리가 없을 것 같다. 하지만 온통 거짓으로 치장해 현실과의 거리가 상당히 먼 공주님과 왕자님이라면 치료 대상에 해당된다.

자기애적 성격장애 Narcissistic Personality Disorder   어찌 보면 히스테리성 성격장애와

비슷해 헷갈릴 수도 있는데 두 증상은 확연한 차이가 있다. 자기애적 성격

장애의 가장 특징적 증상은 세상이 자신을 중심으로 움직인다고 생각하는

것이다. 자신은 특별한 사람이라서 다른 사람과는 다르게 대접받아야 한다

는 생각, 거만한 태도와 종속적인 인간관계, 성공에 대한 끊임없는 비현실

적 상상을 하는 사람이 여기에 속한다.

이 장애에 대해 가장 정확하게 알 수 있는 영어 단어가 있다. 'Grandiosity'.

이 단어는 '웅대함' '장대함' '숭고함' '장엄함' 등의 뜻을 내포하고 있다.

항상 이런 'grandiose' 적인 의미와 일치시켜 자신을 생각하고 행동하는

사람을 상상하면 자기애적 성격장애의 의미가 분명해질 것이다.

자기애적 성격을 가진 사람의 공상이 공상이 아니라 현실이라면 그들의

성격도 장애라고 할 수 있을까? 예를 들어 유럽의 귀족이나 우리나라의 재

벌 등 무척 성공한 사람들의 경우. 대답은 '그렇다' 이다.

회피성 성격장애 Avoidant Personality Disorder   다른 사람들에게 부정적인 평가를 받

는 것이 두려워서 사회활동을 하지 못한다. 정말 별일 아닌데도 사회에서

거절당하고 비판받는 것에 대해 너무나 민감하게 받아들인다. 그 일로 상

처를 받으며, 설사 그런 일이 일어나지 않아도 미리 걱정하고 떨기 때문에

아무것도 제대로 할 수가 없다. 우리 사회에서 '소심함' 이라 부르는 많은

사람에게 이런 증상이 있다.

의존적 성격장애 Dependent Personality Disorder   혼자서는 아무것도 하지 못하는 성격이다. 여기에 해당하는 사람은 하루하루의 생활에서 작은 일을 결정하는 것조차 곤욕이다. 자기 자신의 인생에 대한 책임과 결정은 물론 일상의 작은 결정을 항상 다른 사람에게 의지해야 하며 혼자 있는 것을 무척 두려워한다.

강박적 성격장애 Obsessive-Compulsive Personality Disorder   전문가들도 가끔 헷갈리는 개념이 강박증Obsessive-Compulsive Disorder과 강박적 성격장애다. 강박증은 멈출 수 없는 반복적인 생각과 행동으로 대표되는 증상이고, 강박적 성격장애는 '완벽성 추구'로 대표되는 증상이다. 강박적 성격장애에 해당하는 사람은 너무나 '완벽함'에 몰두하기 때문에 결국 주어진 일을 제대로 마치지 못하는 경우가 많다. 제대로 마치지도 못하면서 이들은 일중독에 빠져 있는 경우가 많다. 완벽함 때문에 아예 아무것도 제대로 할 수 없는 사람의 비효율성과 좌절감은 이루 말할 수 없다.

피공격성 성격장애 Passive-Aggressive Personality Disorder   직접적인 방법이 아닌 주로 간접적인 방법으로 다른 사람을 공격하는 특성이 있다. 예를 들어 어떤 사람에게 화가 나면 앞에서는 아무렇지 않은 척하다가 뒤에서 그 사람의 일을 망쳐버리는 행동을 반복적으로 한다. 이런 사람, 무섭다.

정신지체Mental Retardation   정신지체가 성격장애 카테고리에 들어 있음에도 불구하고 많은 전문가가 이것을 빼고 성격장애를 말한다. 자신 없는 부분이기 때문이다. 아무래도 정신지체 쪽은 테라피스트보다는 특수교육 전공자들이 더 강할 것 같다. 나 같은 테라피스트가 정신지체 환자들에 대해서 자신 있게 할 수 있는 일은 정신지체의 어느 단계에 속하느냐에 대한 진단뿐이다.

지금까지 성격장애에 대해 내가 알고 있는 것을 이야기했다.

자기 스스로가 너무 많은 유형에 포함된다고 고민하는 분들, 너무 걱정하지 말자. 문제는 정도의 차이일 뿐 건강한 사람도 위에 열거한 장애요소들을 조금씩은 가지고 있다. 너무 심해서 자신의 균형을 파괴하는 정도일 때만 장애라고 부르는 것이다.

아울러 부탁드리고 싶은 것이 있다.

혹시라도 위에서 짧게 정리한 것들만 갖고 사람들을 판단하지 말라는 것이다. 전문가들조차 성격장애를 쉽게 규정하지 않는다. 가령 전문가들이 바이블처럼 쓰고 있는 『정신장애의 진단 및 통계요강 4DSM-IV』에서도 경계성 성격장애가 성립되려면 7개 정도의 판단기준을 중심으로 해서, 9개의 경계성 성격장애 증상 중 5개 이상이 맞아떨어져야 한다고 한다. 무슨 말일까? 쉽게 진단하지 말라는 경고다.

성격장애의 원인

성격장애의 원인은 임상적 장애보다도 더 모호한 것 같다. 자격증을 유지하려면 이런저런 세미나에 줄기차게 따라다녀야 하는데, 거기서 강사들의 말을 종합해보면 항상 세 가지 관점이 있다.

유전과 생물학적 원인, 삶의 경험을 포함한 환경적인 원인, 사회·문화적인 원인 등이다. 그리고 그들 대부분은 이런 말로 결론을 내린다.

"정확한 원인은 모르겠다."

허탈한가? 인간의 정신을 진단한다는 것은 때때로 이런 허탈함을 동반한다. 이제 내 식으로 정리해보자.

신생아가 울 때 부모님이 안아줘야 할까 말아야 할까 하는 문제로 고민을 많이 한다. 어느 쪽이 옳을까?

많은 전문가는 신생아가 울 때는 안아주지 말라고 한다. 일종의 고전적 조건화Classical Conditioning를 통한 교육을 강조하는 것이다. 이것을 추천하는 전문가들은 그렇게 신생아를 학습시키는 것이 부모를 덜 피곤하게 하는 길이고, 결국 아이를 더 잘 돌볼 수 있는 길이라는 의견을 편다. 그들의 논리도 틀린 것은 아니지만 나는 반대하고 싶다.

성격장애의 원인 중 하나가 어릴 때의 잘못된 학습인데 아이가 울 때 안아주지 않는다는 걸 학습시키면 올바른 감정 형성에 오히려 장애가 되지 않을까? 차라리 피곤하더라도 '우는 사람은 따뜻하게 안아 준다'는 교육이 올바른 성격 형성에 도움이 될 것 같다.

꼭 어릴 때가 아니더라도 삶에서 어떤 부정적 계기로 인해 성격이 확 변해버리는 사람을 흔하게 볼 수 있다. 어떤 사람은 건달에게 얻어터져서 불구가 된 후로 하루가 멀다 하고 체인과 칼을 사다가 집에 모아두는 습관이 생겼다.

"이곳에서는 총을 구입하기도 쉬운데 왜 돈이 더 많이 드는 방법을 택했느냐"는 웃기는(?) 질문을 했더니 그 사람, 대답이 살벌했다.

"체인이나 칼로 죽여야 더 고통스럽죠."

결국 경찰에 리포트를 했는데, 그 이후 어찌 됐는지는 모르겠다.

성격장애의 또다른 좋은 예가 앞서 얘기했던 제시카의 경우다. 심각한 우울증으로 계속 치료를 받았지만 그 여자에 대한 이야기를 읽어보면 위에서 말한 성격장애 중 하나에 정확히 들어갈 것 같지 않은가?

바로 경계선 성격장애다. 그녀의 반복적인 돌출적 행동들, 특히 거절에 대한 그녀의 반응을 생각해보라. 확신은 못 하겠지만 아마 그녀도 뉴욕에 살면서 만났던, 전남편을 비롯한 여러 남자와의 관계에서 반복적으로 부정적인 경험을 하면서 경계선 성격장애가 형성된 것으로 보인다. 그녀의 집안 내력을 살펴보면 아무도 정신 병력의 히스토리가 없다.

한편, 에릭의 경우는 성격장애의 원인을 유전과 집안 환경에서 찾을 수밖에 없다. 에릭의 어머니에 의하면 그의 아버지와 배다른 형제 세 명 모두가 심각한 정신 병력이 있고, 그녀 자신도 치료를 받는 중이었다. 게다가 에릭 자신이 어떤 충격을 받았다거나 반복적으로 부정적인 경험을 한 적이 없다.

이렇듯 성격장애의 원인은 다양할 수 있다. 비단 성격장애뿐 아니라 모든 정신병의 원인이 이러하다. 병을 치료하기 위해 한 개인의 집안 내력과 살아온 개인사 혹은 부정적인 경험 등을 광범위하게 이해하려고 노력하는 것은 그래서 대단히 중요한 일이다.

성격장애의 치료

애틀랜타 메디컬 심리센터에서 일하는 애덤스 박사가 한 잡지와 인터뷰를 하면서 이런 말을 했던 게 기억난다.

"테라피스트에게는 성격장애 환자야말로 제일 어려운 사람입니다. 그들과는 제대로 된 커뮤니케이션이 어렵고 작은 만족으로 기쁘게 해줄 수 없으며 신뢰 있는 관계로 발전하기 힘듭니다. 게다가 그들이 말하는 삶의 히스토리에 의지해서 원인을 찾을 수도 없습니다."

한 친한 동료는 성격장애의 치료에 대해서 이런 말까지 했다.

"도대체 성격을 어떻게 바꾸란 말이야? 너 같으면 누가 뭐라 한다고 해서 너를 구성하는 성격이 바꿔지겠냐? 난 일찌감치 포기한다."

위의 두 사람 말에서 보듯 성격장애 환자를 치료하는 건 참 곤혹스러운 일이다. 더구나 자신의 성격장애를 장애로 인정하지 않는 경우가 많다. 따라서 치료를 시작조차 할 수 없다. 그렇다면 이 사람들은 치료를 아예 포기하고 살아야 할까? 그렇지 않다. 테라피스트가 해줄 수 있는 일이 분명히 있다.

- 우울증이나 약물중독, 수면장애나 정신분열증 같은 합병증을 수반하는 경우가 많으니 먼저 합병증 치료에 주력한다.
- 합병증을 치료하면서 성격장애가 근본적인 문제였음을 지속적으로 인식시킨다(경험상 여기까지는 여러 번 성공했다).
- 사회적응훈련 계획표를 짜고 그 계획대로 훈련시킨다. 예를 들어 파트타임 직장을 잡아주고, 지속적으로 업무에 적응할 수 있도록 코치해주는 것

이다.

만약에 합병증이 없는 경우라면? 아이러니하게도 성격장애의 경우 합병증
이 없으면 치료하기가 더 어렵다. 물론 내 경험을 말하는 것이니 다른 테라피
스트에게도 해당된다는 건 아니다. 하여튼 그러한 경우에는 위의 세 가지 치
료 단계 중 두번째부터 시작하는 수밖에 없다. 성격장애가 얼마나 큰 문제인
지를 인식시켜주는 일부터 말이다.

성격장애는 우울증만큼이나 흔하고 중요한 병이다.

감당하기 힘든 불운의 연속,
안젤라

　누구나 주변에 '저 사람은 왜 저렇게 재수가 없을까?' 하며 측은하게 여긴 사람들이 있을 것이다. 특히 나 같은 일을 하는 사람은 삶에서 재수가 없다는 사람을 많이 만난다.

　뭐 인생의 재수라는 건 복권 터지는 종류의 행운이 아니라면, 불행이란 생각하기 나름이라고들 말한다. 틀린 말이 아닌 게 긍정적인 사람이 자신의 재수를 탓하는 경우는 드물지 않은가.

　그런데 정말로 재수 없는 일이 반복해서 일어나는 사람들도 있다.

　그런 사람을 가까이서 겪고 보면 '생각하기 나름'이라는 말을 뱉는 것만큼 욕먹을 말도 없구나, 라는 생각을 하게 된다. 계속 생각지도 못한 불행이 일어나는데 생각하기 나름이라니! 상대방의 고통을 대신 겪을 참이 아니라면 차라리 말없이 앉아 있는 게 나을 수도 있겠다.

　생각하기 나름이라는 말이 도저히 비집고 들어갈 틈이 없도록 불행

:

그녀에게 난 지푸라기였던 것이다.

'지푸라기라도 잡고 싶은 심정'을 말할 때 그 지푸라기 말이다.

했던 안젤라의 이야기를 통해 상대방을 이해한다는 게 뭔지 함께 생각해보자.

첫번째 불행 _ 부모로부터의 학대

그녀는 아랍에미리트에서 태어났다.

가정은 부유했고 독실한 이슬람교도의 집안이었다. 오빠, 남동생, 언니들과 여동생, 부모까지 합해 열세 명의 대가족이었다. 한국의 노인들로부터 여러 번 듣던 이야기인데, 자식이 많으면 그중에 유난히 편애하게 되는 자식과 그렇지 못한 자식이 있는 것 같다.

편애를 받지 못한 자식은 구박을 받았다고 생각하는 경향이 있고 실제로 심한 구박을 받으며 자란 이도 많다. 예전에는 구박이라는 단어밖에 몰랐는데 더 정확한 말로는 '학대'라는 사실을 알았다. 물론 많은 자식에게 동등하게 사랑을 베풀고 최선을 다해 세계적인 지휘자 정명훈 씨의 남매처럼 자식들을 모조리 성공시킨 부모들 이야기도 심심찮게 듣는다.

안젤라는 동등하게 사랑받지 못했다. 어찌나 집안일을 많이 시키는지 빨리 커서 시집을 가고 싶었단다. 시집을 가면 그 지긋지긋한 집 밖으로 나올 수 있기 때문이다.

안젤라가 열 살 때 그 일이 일어났다.

아버지에게 성적 학대를 당한 것이다. 그게 구체적으로 어떤 일이었는지 차마 더 물어볼 수가 없었다. 더군다나 그녀도 그 사건에 대해 자세히 말하고 싶어하지 않는 눈치였다. 문제는 사건 이후였다. 안젤라에게는 남자에 대한 심한 결벽증이 생겨서 성인이 된 후 어떤 남자와도 지속적인 관계를 가질 수 없었다.

안젤라가 처음 내 사무실에 왔을 때 나는 내 소개를 하며 악수를 하자고 손을 내밀었다. 그런데 안젤라는 손을 내밀지 않고 무서운 표정을 해서 나를 머쓱하게 했다. 그 결벽증은 안젤라를 이해하는 한 단면에 불과했으니 남자와의 관계 지속이 어려웠던 데에는 더 커다란 이유들이 숨어 있었다.

두번째 불행 _ 벤츠가 더 중요한 첫번째 남편

남편이 문제였다. 안젤라의 말에 따르면 극단적으로 이기적인 사람이었다.

집안에 들어오면 말도 몇 마디 하지 않고 필요한 게 있으면 명령을 내리면 그만이었다. 그 와중에 아들을 하나 낳았는데 산달을 한참 채우지 못하고 태어나는 바람에 건강하지 못했다.

남편은 아이에게마저 별다른 관심을 보이지 않았다. 남편 역시 안젤라의 부모처럼 부유한 사람이었는데도 불구하고 안젤라에게 돈을 가져다주지 않았다.

어느 날 아이가 무척 아팠다.

안젤라는 급하게 남편을 찾았지만 남편은 중요한 일을 핑계로 돌아오지 않았다. 결국 이웃의 도움으로 병원에 갔는데 구체적인 검사가 필요하다며 입원을 권했다. 아이의 의식은 점점 흐릿해지고 호흡이 가빨라질 정도로 상태가 좋지 않았는데 검사 결과는 '모르겠음'이었다. 안젤라는 눈앞이 캄캄했다. 알라신에게 기도하는 것밖에는 달리 해줄 수 있는 일도 없었다.

다음날이 돼서야 남편이 찾아왔는데 새로 뽑은 벤츠를 타고 있었다.

그녀는 남편을 아이의 입원실로 안내하면서 뭔가 치밀어오르는 기분이 들었다. 생각해보니 바로 벤츠 때문이었다.

"언제 새 차 뽑았어요?"

"어제."

예상대로였다.

아이가 아픈 것도 무시할 정도로 중요한 일이라는 게 벤츠를 사는 일이었던 것이다. 안젤라는 결혼 후 처음으로 남편에게 소리를 질렀다.

"당신 아이보다 벤츠가 더 중요해?"

남편은 처음엔 놀란 듯한 표정으로 안젤라를 쳐다보다가 이내 붉으락푸르락 화가 난 표정으로 바뀌었다. 그리고는 결정적인 한마디를 해버렸다.

"그래! (벤츠가 중요해)."

남편은 안젤라에게 딱히 불만이 있는 게 아니었다. 그녀에 따르면, 원래 그렇게 자기 편한 대로 살아왔던 게 문제인 것이고 그녀는 노예가 아닌 게 더 큰 문제였다.

그래서 그들은 이혼할 수밖에 없었다.

세번째 불행 _ 여섯 살 아들의 자해행위

안젤라는 두번째 남편을 만나서 미국으로 왔다.

원래 어머니가 미국인이기 때문에 언어사용엔 아무런 불편함이 없었다. 첫번째 결혼의 실패로 두번째 결혼은 심사숙고했고, 긴 시간 연애를 한 다음 정말 사랑하는 남자와 결혼을 했다. 남자는 아주 가난했지만 안젤라는 그런대로 행복했다.

그런데 안젤라가 미국으로 이민 올 즈음에 안젤라의 부모와 여동생 둘도 이민을 왔다. 무슨 이유인지 그것도 안젤라가 머물기로 한 동네로 말이다.

약간의 생활고로 힘들기는 했지만 처음에는 그런대로 행복했다. 하지만 둘째 남편과의 사이에서 딸이 태어나면서부터 문제가 생겨났다. 여섯 살 된 안젤라의 아들이 이상해지기 시작한 것이다.

아들의 증상은 이러했다.

아들은 하루가 멀다 하고 장난감은 물론 집안의 기물들을 파손했다. 게다가 어린아이가 자해행위까지 했다. 허리띠를 목에 끼고 방 문고리에 매달아 당기고 있는 것을 안젤라가 발견하기도 했다.

그런데 그 정도는 약과였다. 결혼생활에 금이 가게 한 사건이 발생했다.

그날은 아들이 왠지 조용했고 갓난아기인 딸도 보채지 않았다. 안젤라는 오랜만에 평화롭게 남편과 과일을 먹으며 텔레비전을 보고 있었다. 그리고 평소 습관대로 딸아이를 체크하러 방에 들어갔을 때 안젤라는 기절초풍할 장면을 목격했다.

아들이 침대에 누워 있는 딸아이의 얼굴을 베개로 누르고 있는 게 아닌가. 안젤라는 아들을 들어서 거실로 내동댕이쳤다. 갓난아기는 숨이 막혀 기침을 했지만 다행히도 무사했다.

"고백할 게 있는데 난 한 번도 무하메드를 사랑한 적이 없어. 당신과 내 딸을 사랑한다고 해서 무하메드 아빠 노릇까지 기대하지 마. 그 아이 아버지에게 보내자."

안젤라는 모든 것이 쿵 내려앉는 것 같은 느낌이었다고 했다.

남편이 이해되지 않는 건 아니었다. 매일 부수고 깨뜨리고 시끄럽게 구는 무하메드를 평소에도 참기가 어려웠을 텐데, 눈에 넣어도 아프지 않을 자신의 딸아이를 죽일 뻔했으니 누구라도 참을 수 없었을 것이다.

더군다나 남편과 무하메드는 피 한 방울 섞이지 않았다. 마음이 움직이지 않는데 무하메드를 사랑해달라고 강요할 수는 없는 일이다. 그렇다고 해서 그 무책임한 첫번째 남편에게 아이를 보내는 것은 죽기보다 싫었다. 하기야 얼씨구나 하고 받아줄 인간도 아니다.

안젤라는 포기하고 살기로 했다. 무하메드와 함께 사는 대신 남편에게 사랑이나 관심을 강요하지 않기로 했다. 그런데 그렇게 모두가 동거하려니 사는 게 참 썰렁해졌다.

택시 운전사인 남편은 일을 핑계로 밤늦게 들어오기 시작했다. 다른 짓을 한 게 아니라 정말로 일을 더 했으니 굳이 핑계라고 하기엔 뭣 했지만 집에 있기가 불편해 일을 이용한 것은 사실이었다.

그러던 어느 날 남편이 말했다.

"딸아이와 나, 이집트에 좀 다녀올게."

이집트는 남편의 고국이었다. 그곳에 남편의 부모와 친척이 있는데 모두 딸아이를 보고 싶어한다는 것이다. 일정은 무려 3개월이나 됐다. 그동안 악착같이 모아둔 돈이 있어서 남편이 3개월 택시 운전을 안 해도 살 수는 있었다. 하지만 함께 가자는 말을 하지 않고 자신과 딸아이만 가겠다는 남편이 서운했다.

"그렇게 해."

안젤라는 서운함을 뒤로 하고 동의할 수밖에 없었다. 3개월 정도 떨어져 있으면 다시 결혼생활이 좋아지지 않을까 하는 희망 때문이었다.

어머니의 폭력

남편이 딸아이와 이집트로 떠난 지 한 달쯤 됐을 때 안젤라의 어머니가 쳐들어왔다.

'쳐들어왔다' 라는 표현이 정확한 것이, 안젤라가 살고 있는 아파트의 문 앞에 들어서자마자 신발장의 하이힐을 들고 안젤라를 다짜고짜 때리기 시작했던 것이다.

기습을 당한 안젤라는 얼굴을 정통으로 여러 번 얻어맞았는데, 입술이 터지고 코피가 나서 얼굴이 피범벅이 돼서야 어머니는 폭력을 멈추고 돌아갔다.

이 사건이 일어난 원인은 나와도 깊은 관계가 있는데, 어떤 일이었는지는 뒤에 가서 말하겠다.

이 사건으로 안젤라는 한쪽 귀의 청력까지 이상해졌다.

지금까지 들은 얘기만 갖고도 안젤라가 얼마나 불운한 사람인지 느끼겠지만 그녀의 정말 황당한 불행은 이제부터가 시작이다.

네번째 불행 _ 너무나도 황당한 배신

그녀가 살고 있는 아파트의 옆 동에는 안젤라의 친구가 살고 있었다.

미국에 와서 사귀었는데 모든 것을 허심탄회하게 털어놓을 수 있는 그런 친구였다. 그 친구도 남편과 이혼한 후 아이 둘을 데리고 힘들게 사는 처지라서 안젤라와 더욱 친해졌다고 한다. 집으로 자주 초대해서 남편과도 잘 아는 사이였고 그녀와 어울리는 것을 남편도 좋아했다. 아내에게 좋은 친구가 있으면 남편 입장에서 얼마나 든든하겠는가.

그런데 남편이 이집트에서 돌아오자마자 믿을 수 없는 일이 일어났다. 가장 친하다고 생각했던 친구가 안젤라에게 억울한 누명을 씌워버린 것이다.

남편이 없는 동안 안젤라가 어떤 남자와 바람을 피웠다는 주장이었는데 그 이야기가 하도 치밀해서 남편이 믿어버렸다.

안젤라의 음성메시지에 생전 듣도 보도 못한 어떤 남자의 사랑고백 메시지 같은 것들이 들어 있었으니 남편이 헷갈렸고, 안젤라의 친구가 좋은 사람이라는 믿음이 있었으니 더욱 그 이야기를 믿었던 것이다. 안젤라는 도대체 그 친구가 왜 이런 엄청난 일을 꾸미는지 알 수가 없어서 분노를 다스리며 그 친구를 만났다.

친구였다는 여자는 안젤라에게 이렇게 말했다.

"난 항상 너를 질투했어. 좋은 남편 만나서 행복하게 살고 있는 네 모습이 보기 싫었어. 이제야 너와 내가 동등하게 불행해진 것 같다."

글쎄. 이런 종류의 질투심을 어떻게 해석해야 할까. 앞에서 성격장애에 대해 짚어봤는데 그중에서 피공격성 성격장애에 해당되지 않을까?

안젤라가 정말로 바람을 피웠을 수도 있지 않냐고 생각하는 이들도 있겠지만, 그건 그렇지 않다. 안젤라는 상담을 받을 때 모든 걸 털어놓는다.

철저히 비밀보장을 해주기 때문이기도 하지만, 그녀는 누구보다도 정신 상담에 익숙한 여자다. 멈추지 않는 그녀의 이야기를 듣느라 항상 시간이 부족할 정도였다. 그녀는 상담시간에 울기도 하고 웃기도 하고 소리를 지르기도 하는 그런 여자다. 바람을 피우고 있는 상대가 있었다면 한 번이라도 말이 나왔을 것이다.

안젤라는 그 여자가 한 말을 녹음이라도 해놨어야 했다.

남편에게 그 이야기를 해줘도 믿기는커녕 더 이상한 여자 취급을 했고 급기야는 집을 나가버리고 말았다. 그리고 얼마 후에 남편에게 편지 한 통이 왔는데 이혼 관련 서류와 결혼반지였다. 그 이후 안젤라는 남편의 결혼반지를 항상 목에 걸고 다녔다.

세상에서 유일하게 사랑했던 남자라서 잊히지 않는다는 게 그 이유였다.

운 나쁜 여자

이렇게 운 나쁜 여자가 또 있을까? 지금 내가 글을 쓰고 있는 시점에서 불과 3주 전에 또다시 황당한 일이 벌어졌다.

안젤라는 차 뒤에 아들과 딸을 태우고 이슬람 사원에서 운전하면서 막 나오는 중이었다. 그런데 마약에 취한 것 같은 어떤 한 여자가 안젤라의 차로 어슬렁거리며 오더니 차 문을 열고 공격해왔다. 그것도 칼로 마구 내려찍을 듯이 말이다.

얼마나 놀랐겠나. 뒤에 어린아이 둘을 태우고 있었는데. 차 안에서 안젤라와 그 여자의 혈투가 벌어졌다. 혈투 중에 안젤라의 차는 어딘가로 돌진했고 어떤 중년 백인 남자를 치고 담을 받았다.

그 충격으로 열린 차 문 밖으로 이상한 여자는 튕겨져나갔다. 그리고 주변에 있던 무슬림들이 달려와 그 여자를 붙잡았다. 안젤라의 입에서 피가 흐르고 있었고 딸아이도 입 주위를 다쳤지만 모두 무사했다.

하지만 정말 끔찍한 일은 그녀가 받은 담벼락과 차 사이에 어떤 백인 남자가 신음소리를 내며 끼어 있었다는 사실이다. 안젤라는 당장 차를 뒤로 뺀 다음 뛰쳐나가 그 남자를 안았다. 발 아래에는 피가 흥건히 고여 있었다. 안젤라는 피범벅이 돼 울부짖었다. 한마디로 아비규환이었다.

경찰과 앰뷸런스가 왔다. 백인 남자는 실려갔지만 나중에 알아보니 다리 한쪽을 잃었다. 경찰들은 정황 파악을 했고, 안젤라와 주변에 있던 사람들 이야기를 모두 적는 듯했다. 그 이상한 여자는 수갑이 채워져 잡혀갔고 안젤라는 무사히 집으로 보내졌다.

집으로 돌아온 안젤라는 무척 억울한 생각이 들었다고 했다.

자신과 아이들이 바로 피해자인데 경찰은 병원에 가보겠냐는 말 한 마디도 하지 않았다. 게다가 망가진 차에 대한 보상을 받으려면 경찰의 사고 보고서가 필요했다. 그래서 다음날 전화를 걸어 보고서 요청을 했다가 또다시 황당한 상황을 맞고 말았다.

그 이상한 여자는 무혐의로 풀려났고(무혐의라니! 해도 너무 한다), 모든 사건에 대한 보고서는 경찰이 잃어버렸으며, 현장에 있던 증인들은 모두 무슬림이었기 때문에 증거로서의 효용가치가 없다는 말을 들었다.

이건 너무나 노골적인 차별이었다.

안젤라는 큰맘 먹고 육체적, 정신적, 물질적 보상을 모두 받아내기로 결심했다. 그리고 이슬람 쪽에서 유명한 변호사를 소개받아 소송을 진행 중이다. 그런데 하도 운 없는 일을 많이 겪는 여자라 이렇게 명백한 사건까지도 '과연 잘 될까?' 하는 생각이 들 정도다.

치료 과정에서 생긴 일들

세번째 불행부터는 모두 안젤라가 내게 치료를 받기 시작한 이후에 생긴 일이다. 그러니 제대로 치료가 될 리 없었다. 자신에 대한 믿음과 자신감을 키워주려고 할라치면 항상 통제할 수 없는 불행하고 황당한 사건이 터졌다.

불행은 안젤라만 경험하는 게 아니며 자신만 불행하다고 생각하는 건 자신에 대한 비하라는 설명을 하는 기간에 이상한 여자에게 위험한 공격을 당했고, 우울증이 시작된 근본적인 원인은 아버지로부터의 성 학대였다며 해결점을 찾기 직전에 어머니로부터 폭력을 당해 청력까지 손상됐다.

이 폭행사건에 내가 어떤 연관이 있는지 설명하겠다.

나는 안젤라의 동의 아래 안젤라의 아버지를 세션에 참여시켰다. 아버지로부터의 성 학대 사건에 대해서는 가능하다면 풀고 가는 게 치료상 좋을 것이라는 확신이 있었고, 그녀의 아버지 또한 딸이 자신을 오랜 시간 불편해했던 것에 대해 궁금해했기 때문이다.

나는 그녀의 아버지와 먼저 대화를 나눴는데, 그는 사건에 대해 전혀 기억이 없다고 했다. 하지만 딸이 그렇다고 하니 사과를 하겠다고 했다. 나는 안젤라를 방으로 들어오게 했고 자신의 아버지와 마주 앉게 했다.

안젤라 아버지는 이렇게 말했다. 이슬람어로 말했는데 나중에 안젤라가 해석해줬다.

"나는 정말 무슨 일이 있었는지 아무 기억이 없다. 하지만 내가 너한테 씻지 못할 죄를 지은 것 같구나. 정말 미안하다. 용서해라."

이 말 한마디로 안젤라가 얼마나 용기를 얻고 좋아졌는지 모른다. 남편이 이집트에서 돌아오면 더 좋은 관계를 유지할 자신감까지 생겼다고 했다.

그런데 그때 어머니의 폭력사건이 발생한 것이다. 아버지에게 이야기를 들은 안젤라의 어머니는 분노했다. 말도 안 되고 있지도 않은 일을 가지고 테라피스트 앞에서 집안망신을 시켰다며 달려와 마구 때렸던 것이 그 사건의 정황이다.

안젤라가 어릴 때부터 부모에게 구박을 받아왔다는 사실을 뻔히 알고 있었음에도 당장 눈앞의 성과만 생각하느라 세심하지 못했던 내 잘못이 컸다. 게다가 나는 왜 경찰에 신고하지 않았냐는 상식 밖의 말까지 했다.

그게 왜 상식 밖의 말이었냐 하면, 그네들의 가족관에서는 부모에게 얻어맞았다고 경찰에 신고하는 것은 감히 상상하기도 싫은 일이란다. 입장을 바꿔서 여러분 중에도 부모에게 맞았다고 경찰에 신고할 사람이 얼마나 되겠는가.

그런데 무엇보다도 미안한 건 '생각이 바뀌면 행동이 바뀐다'는 철학으로 긍정적인 사고방식에만 집착했다는 것이다. 안젤라의 개인사를 볼 때 그건 참 공허한 말이었다.

진심으로 다른 사람의 고통을 이해하고 들어주면 그게 바로 치료다. 진심으로 이해하는 사람은 상대방이 느끼고 위로받는다. 그런데 이 진심이라는 게 참 힘들다.

상담을 하면서 막힐 때마다 부처님의 자비와 예수님의 사랑이 그리울 때가 많다.

안젤라의 경우는 어떠한 이론과 기술, 약물도 우울증 치료에 도움이 되지 않았다. 진심으로 위에서 말했던 '덕을 많이 갖춘 사람' 만이 통할 것 같다. 그런 덕이야말로 치유의 힘Healing Power이라고 부를 수 있다. 왜 있지 않은가. 정말 힘들 때 함께 있는 것만으로 든든하고 힘이 되는 그런 사람.

이렇게 내가 치료에 아무런 도움을 주지 못하는 테라피스트였지만 안젤라는 거의 빠짐없이 상담을 받으러 왔다. 내가 의도한 바는 아니지만 결국 나 때문에 자신의 어머니에게 심하게 얻어터진 주에도 그녀는 찾아왔다. 남편과 이혼을 했을 때도, 어떤 여자에게 황당한 칼부림 공격을 받았을 때도 그녀는 멈추지 않고 찾아왔다.

내가 유능하고 덕이 많은 테라피스트여서 그랬다면 얼마나 좋았겠나. 그런데 그게 아니었다. 나는 지푸라기였던 것이다. '지푸라기라도 잡고 싶은 심정'을 말할 때 그 지푸라기 말이다. 누가 만든 말인지 모르겠지만 사람의 심리를 세심하게 잘 표현한 말이다.

극심한 좌절감에 우울해 있을 때 아무것도 하지 못할 거라고 생각하는 사람이 많다. 그런데 그렇지 않다. 그들은 정말 지푸라기를 잡는다. 자신의 삶까지 포기하는 사람들은 그 지푸라기까지 소멸된 이들이다. 은연중에 손을 뻗었을 때 지푸라기의 역할을 해야 할 사람들이 인식하지 못하는 경우야말로 사고가 터질 가능성이 많다. 꼭 자살이라는 극단적인 형태가 아니라도.

지푸라기를 잡다

리바운드 관계Rebound Relationship라는 말이 있다. 정말 사랑하는 사람과 헤어져 힘들어할 때 갑자기 전광석화같이 다른 사람과 사귀게 된다든지 결혼을 한다든지 하는 현상(?)을 말한다.

어떻게 이런 일이 가능할까? 바로 위에서 이야기한 지푸라기 현상의 일종이다.

안젤라에게 이 리바운드 관계가 일어났다.

지난주 수요일에 안젤라는 세번째 결혼을 했다.

이곳에서는 별거기간이 지나야 법적 이혼이 마무리되지만 이슬람법을 따르는 사람들은 이 모든 것이 그네들 종교 안에서 가능하다고 한다.

신랑도 없는 결혼식이었다. 안젤라는 증인 두 사람만을 데리고 이슬람 사원에 가서 결혼 절차를 거쳤고, 올 사정이 못 됐던 신랑은 뉴멕시코 주에서 증인 두 사람을 데리고 그쪽 사원에서 같은 절차를 거쳤다. 이것으로 종교적 부부관계가 인정됐다.

나는 처음에 전남편이 오해했던 그 외도 사건이 사실이었을 거라고 생각했다. 그렇게 바람을 피우며 몰래 사랑했던 남자가 아니고야 아무리 리바운드 관계가 성립한다고 해도 이렇게 빨리 재혼할 여자가 아니라고 여겼던 것이다.

그런데 그게 아니었다.

자신의 딸이 고통스러워하는 걸 참지 못했던 아버지가 재력 있는 어떤 남자를 소개했고 그 남자는 안젤라를 보자마자 한눈에 반했던 것이다. 그 남자 역시 아이가 둘 있는 이혼남이다.

남자의 구애는 참 대단했다. 안젤라 아들의 이상증상을 이해하기 위해 수업까지 신청해 들었고, 안젤라에게 주기 위해 뉴멕시코에 4억짜리 집까지 사들였다. 그리고 안젤라는 6개월 후 뉴멕시코 주로 가서 합치기로 했다.

"사랑하지 않아요."

그 사람을 사랑하느냐는 질문에 안젤라는 그렇게 대답했다.

"하지만 내 인생에서 배운 게 있어요. 내가 사랑하는 사람보다 나를 사랑해주는 남자를 만나는 게 더 행복할 수 있다는 사실이죠."

두번째 남편도 자신을 사랑했다면 그렇게 오해하고 떠나지 않았을 거라는 말도 했다.

그래도 인생이 달린 일인데 너무 성급하지 않냐는 나의 말에 그녀는 이렇게 말했다.

"난 도대체 지금 아무것도 할 자신이 없어요. 나 혼자는 어찌 돼도 이제 더이상 신경 쓰지 않지만 아이 둘을 보고 있으면 항상 눈물이 나요. 나, 당장 아파트세 낼 돈도 없어서 아이들과 쫓겨나게 생겼어요. 게다가 이제 와서 사회연금 신청해봤자 최소한 일 년은 걸릴 겁니다. 잘 알겠지만 누가 날 도와주겠어요? 내 부모님? 아버지는 이제 아무 힘이 없고 어머니는 절대 날 도와줄 사람이 아니에요. 그렇다고 내가 두 아이를 어디다가 맡기고 일을 하겠어요? 두 아이 맡기는 비용이 아마 더 들

겁니다. 이때 그 남자가 나타났어요. 게다가 날 미치도록 사랑한다니 난 그걸로 대만족입니다."

진실이란 원인을 함께 해석하는 일

난 안젤라의 불행이 여기서 멈추고 세번째 결혼만은 그녀 인생 최고의 선택이었기를 바란다.

하지만 잘 모르겠다.

그리고 왜 통제할 수 없는 불운들이 그녀에게 반복적으로 덮쳐왔는지도 설명하지 못하겠다. 아마 불교에서는 전생의 업보 때문이라 할 것이고, 정통 크리스천들은 신의 뜻이 있다고 할 것이다.

독실한 이슬람 신자이니 알라신의 뜻을 파악하려는 쪽으로 상담을 진행했으면 좀 도움이 됐을까도 생각해봤지만, 운명론 방향으로 가는 것은 테라피스트로서 좀 웃기는 일이라는 생각이 들어 접었다.

앞으로 6개월 남았다. 그녀는 뉴멕시코 주로 이사 가서 새로운 삶을 시작할 것이다.

6개월 동안 진전을 이루지 못한다면 그녀는 계속 우울증을 달고 살아갈 것이고 자신은 항상 불행하고 재수 없다는 생각을 지우기 힘들 것이다. 그리고 그러한 생각들은 또다시 그녀의 인생에 부정적인 영향을 미칠 가능성이 많다.

이유는 설명하지 않았지만 그녀는 뉴멕시코로 이사를 한 다음에는 더이상 상담치료를 받을 생각이 없다고 했다. 나로부터의 상담치료가 그동안 자신의 삶에 별 도움이 되지 않았다는 말로 들려 뜨끔했다.

이 글을 읽는 여러분은 안젤라보다 훨씬 나은 상황에 있는 사람이 대다수이고 그녀보다 못하다고 생각하는 사람도 간혹 있을 것이다. 행복은 아무래도 주관적인 것이고 자신이 겪는 고통이 제일 큰 것이니 안젤라의 삶과 비교하라는 말까지는 하지 않겠다.

단지 상대방을 진심으로 이해한다는 것이 무언지 함께 생각해보고 싶었다.

안젤라는 세 번 결혼을 했고 두 아이의 아버지가 모두 다르다. 지독한 불운으로 심각한 우울증에 걸렸고 계속되는 불운으로 치료가 진행되지 못할 정도였다.

안젤라는 자신의 이야기를 다 펼쳐놨고, 나는 그 이야기를 가능한 한 가슴으로 들으려 노력했다. 그녀의 말을 진심으로 들은 후 나는 안젤라의 고통을 이해했고 안젤라의 불운을 내 일처럼 안타까워했다. 진실이란 원인을 함께 해석하는 일이며 진실의 힘은 단지 결과만을 가지고 누군가를 평가하지 않는 것이라는 생각도 들었다.

당신은 지금 누군가에게 얼마나 진실로 귀와 마음을 열고 있는가?

당신의 도움을 필요로 하는 바로 옆의 사람에게, 당신은 진정 진실한가 아닌가?

외로움과 우울함의 차이

난 가끔씩 이런 의미 없는 질문을 되뇌어본다. 외로움이 먼저인가 우울함이 먼저인가? 그런데 '외로움'과 '우울함'이라는 말은 어떤 순서로 엮든지 간에 맞는 말이 돼버린다. 외롭기 때문에 우울하다고 해도 말이 되고, 우울하기 때문에 외롭다 해도 말이 된다.

외로움을 견디는 일, 그걸 잘 하지 못하면 우울증의 초기 증세로 마음과 몸이 반응하기 시작한다. 갑자기 눈물이 자주 나고 죽고 싶다는 생각이 종종 든다. 한숨이 자주 나오고 오랜 기간 기분이 침체되면서 견딜 수 없는 외로움이 나를 짓누르기 시작한다.

그런 상태가 오래가면 자기 자신을 싫어하게 된다. 더 심해지면 누구를 만나는 것도, 밖에 나가는 것조차도 싫어진다. 그러다가 식물인간 아닌 식물인간이 돼 방구석에 틀어박혀 하루하루 살아가는 자신을 보게 된다.

또한 우울함을 견디는 일, 그걸 잘하지 못해도 같은 반응이 온다. 외로움과 우울함은 이렇게 떼어놓을 수가 없다.

그래서 외로움이 인간이 가지고 가야 할 천형이라면 우울함도 함께 해야 할 숙명이다. 그런데 나 같은 테라피스트는 외로움보다는 우울함에 치료를 집중한다. 두 개념이 함께 하면서도 서로 다른 관계에 있기 때문이다.

우울함을 극복할 수 있으면 외로움도 극복할 수 있는 힘이 생기지만, 외로움을 극복한다고 해서 꼭 우울함을 극복할 수 있는 힘이 생기는 건 아니다. 예를 들어 우울증에 걸린 사람이 매일 친구들에 둘러싸여 있고 사회활동을 한다고 해서 우울증이 극복되지는 않는다. 물론 그렇게 활동하는 것이 우울증 치료의 한 방법이 될 수는 있을지언정 근본적인 치료는 되지 못한다.

우리 주변에서 더 쉬운 예를 찾아보자. 무척 밝고 외향적인 친구가 있다면 그에게 가서 심각하게 분위기를 잡고 이렇게 얘기해보자.

"너 밝은 척하지만, 사실은 어둡고 내성적이야."

아마도 10명 중 8명은 깜짝 놀라며 어떻게 알았냐고 물어볼 것이다. 이렇게 외로움과 우울함은 상호관계에서 큰 차이가 나며 우울함에 치료를 집중해야 하는 이유가 바로 여기에 있다.

세상에는 참 우울한 사람이 많다. 현재는 아니지만 과거에 우울한 경험을 해본 사람들까지 합하면 99.9퍼센트가 우울하거나 우울해본 적이 있다고 말할 것이다. 내가 100퍼센트가 아니라 99.9퍼센트라고 한 이유가 있다. 0.1퍼센트나 그보다 더 많을지 모르는 사람들은 우울해지지 않는 정신병이 있다. 우울증이 정신병인데 우울해지지 않는 것도 정신병이라니 참 알다가도 모를 일이다. 앞에서 말한 에릭의 경우가 이 0.1퍼센트에 해당한다.

•• 이야기 넷

술을 마실수록 정신이 또렷해지는 고통, 스티브

지금까지 평범하지 않았던 병이나 환경 때문에 힘들어하는 사람들에 대해 이야기했다. 그런데 어떤 사람들은 평범한 사람이 살며 겪는 이야기를 듣고 싶어한다. 그래서 곰곰이 생각해봤다.

'내가 본 수많은 환자 중 평범한 사람이나 평범한 일 때문에 힘들었던 사람이 있나?'

또 어떤 이는 나에게 문제가 된 경우 말고 성공적인 상담사례도 들려달라고 요구한다. 그래서 또 곰곰이 생각해봤다.

'내가 성공적으로 상담을 마무리한 사람이라……'

덕분에 내가 상담치료를 했던 수많은 사람을 다시 떠올려보는 계기가 됐다.

따지고 보면 정신 상담이 심각한 정신병을 앓는 사람에게 필요한 것만은 아니다. 통속적인 기준으로 평범하다고 분류되는 사람이라도 누구나 정신의 병을 앓고 있다. 나의 고뿔이 남의 암보다 더 심각하다는 말은 마음의 병에도 적용된다. 자신이 힘들 때는 자신의 병이 세상에서 가장 위중한 것으로 느껴지는 법이다.

많은 사람은 그것을 '시간이 해결해줄 거야'라고 합리화거나 '성장통'이라는 그럴듯한 말로 위로한다. 그러면서 혼자 끙끙 앓는다. 감기에 걸렸을 때 병원에 달려가 항생제 한 방을 맞는 심플함을 정신 상담에는 적용시키지 못한다. 그 점이 안타깝다.

이번에 등장하는 스티브는 알코올중독으로 의심을 받는 환자였다. 그러나 그는 이런 심플한 방식의 상담을 통해 원래 그가 그러했던 것처럼 평범한 사람으로 돌아갔다.

스티브에게 무슨 일이 있었던 걸까?

세션 #1 스티브의 방문

어느 날 스티브가 내 병원에 찾아왔다.

스티브는 서른한 살의 한국인 교포 1.5세다. 컴퓨터 프로그래머이고 매일 피곤에 찌들어 산다. 좋아서 시작했던 전공이지만 너무 힘들어서 돈을 모아 빨리 은퇴하는 게 희망이라고 했다. 그리고 이런 이야기도 했다. 일하느라 시간이 너무 없고 다 때려치우고 싶지만 투자 목적으로 큰 집을 사는 바람에 한 달에 한 번씩 엄청난 액수의 융자를 갚아나가야 하므로 그만두지 못한다고.

하도 직장 얘기를 많이 해서 난 처음에 그가 직장 스트레스로 상담을 받으려는 줄 예상했다. 그런데 그는 어느새 다른 이야기를 시작했다. 지난 5개월 동안 거의 하루도 빼놓지 않고 술을 마셨다고 했다. 컴퓨터 프로그래머가 그렇게 술을 마시면서도 직장 일을 계속해왔다니 참 용하다는 생각이 들었다.

"그거 알아요? 먹어도 먹어도 정신이 맑아져요. 그래서 괴로워요."

먹으면 취하는 게 아니라 머리가 맑아지는 증세. 이걸 어떻게 해석해야 할까? 그런데 이 사람은 왜 계속 술을 먹어야 했을까?

알코올중독을 의심했지만 스티브는 계속 말을 돌린다. 그러고 보니 술 냄새가 나는 것 같기도 하고, 그렇게 생각을 하니 말을 종잡을 수 없이 돌리는 게 술 먹고 횡설수설하는 사람 같았다.

당신은 어떠한가?

알코올중독증에는 세 가지 중요한 증세가 있다.

1. 강박적인 음주행위Compulsive Drinking Behavior

한번 술이 입에 닿으면 강박적으로 계속 마셔야 한다.

2. 술 선택 우선 증세Alcohol Dominated Choices

일상의 모든 선택에 있어서 술 먹는 건수가 최우선이다. 정말 중요한 일이 있어서 술을 마시지 못했을 때도 하루 종일 선택하지 못한 술 건수를 생각한다.

3. 높은 내성High Tolerance

한마디로 엄청 많이 마신다.

위 세 가지 주요 증상 중 두 가지 이상에 속하면 알코올중독증이거나 근접해 있을 가능성이 크니 전문가에게 좀더 심도 있는 테스트나 인터뷰를 받아보기를 권한다.

위의 세 가지 증상을 중심으로 스티브를 테스트해보았다. 스티브는 강박적 음주행위만 제외하고 더이상 해당되는 게 없었다. 오히려 그는 술이 체질적으로 맞지 않는 드문 케이스에 속했다. 우리는 그렇게 첫번째 세션을 마쳤다. 참 답답했던 시간이었다.

내가 정말 궁금했던 건 '술을 아무리 먹어도 괴롭다'고 했던 그의 말이다. 뭐가 그렇게 괴로워서 마시지도 못하는 술을 5개월 동안이나 줄곧 마시고 있을까? 그런데 거기에 대해선 질문을 해봐도 도무지 말을 하려고 하지 않았다. 분명히 자신이 전화해서 상담을 받으러 왔으면 이유가 있을 텐데, '이 사람 왜 이럴까?' 하는 마음이 들었지만 나름대로 사정이 있을 거라는 생각에 강요하지는 않았다.

세션 #2 스티브의 불참

연락도 없이 빠져버렸다. 젠장! 차라리 다른 사람을 볼 수 있었는데. 그나저나 스티브는 더이상 오지 않을 것 같다.

세션 #3 스티브의 고집 그리고 마음속 이야기

이번에는 꼭 오겠다던 그가 또다시 나타나지 않는다. 솔직히 병원에서는 연봉을 받기 때문에 환자가 오지 않을 때는 여유 있게 쉰다. 그런데 내 사무실에서는 시간이 돈이다. 이번에 또 연락이 오면 다른 사람한테 가라고 해야지, 마음을 먹었다.

스티브에게 정말 연락이 왔다. 다른 사람에게 가라고 말하자 그렇게는 못 하겠다고 우긴다. 꼭 나를 만나야 하는 이유가 있단다. 들어보니, 자신의 보험을 받아주는 사람은 나뿐이라는 것이다. 그래서 보험을 받을 수 있는 미국인 테라피스트를 추천해줬더니 한국인의 문화를 알아야 한단다. 할 수 없이 빠지게 되면 최소한 이틀 전에는 꼭 연락하겠다는 조건으로 다시 받아줬다.

사랑의 노래

드디어 스티브의 이야기를 모두 들을 수 있었다.

그의 고민은 바로 첫사랑이었다. 스티브는 그 여자를 한국에서 중학교 때 만났다. 첫눈에 반해 좋아했고 순진한 소년은 그 당시에 자신의 감정을 가슴속에 꽁꽁 숨겨놨다.

고등학교 1학년 때 교회활동을 하게 돼서야 이 여자와 친해지게 됐다. 참 집착도 대단한 게 그 여자가 다니는 교회를 찾아 일부러 나가기 시작했다고 한다. 함께 학생회와 합창단활동을 열심히 하면서 또래의 교회 친구들과 모두 잘 지냈는데, 그가 좋아하는 여자도 같은 친구 그룹의 멤버였다. 그렇게 친구가 돼버리고 나니 좋아하는 감정을 열심히 숨길 수밖에 없었고, 그러는 중에 자신은 고등학교 3학년 때 미국으로 이민을 오게 됐단다.

미국으로 이민 오기 바로 전날 스티브는 이 여자를 불러 함께 롯데리아에서 밥을 먹었다. 그때 밥이 코로 들어가는지 입으로 들어가는지 모를 지경이었는데 여자는 아무렇지도 않게 웃고 떠들기만 했다. 너를 좋아했고, 지금도 좋아한다는 말은 다시 또 목 안으로 들어가버렸다. 집까지 여자를 데려다주고 이민가방이 잔뜩 쌓여 있는 집으로 돌아오는 어두운 골목길이었다. 한없이 고독했고 참을 수 없는 무언가가 치밀어올라 뱉어보니 눈물이었다.

스티브는 여기까지 얘기한 후 눈물을 훔쳤다. 무언가 무척 힘들었고 맺힌 게 많은 것 같았다. 나는 티슈를 건네주었다. 상담자는 눈물에 익숙해야 한다. 그리고 티슈를 건네는 정도의 작은 제스처에도 사람들은 위로를 받는다.

스티브는 코를 한번 풀더니 이야기를 계속했다.

스티브가 그 여자를 다시 만난 건 상담을 받던 시점으로부터 약 1년 전이다. 그러니까 한 11년 만이었다. 어려운 컴퓨터공학 공부를 마치고 든든한 회사의 직장인이 된 지 11년 만에 금의환향하는 마음으로 한국에 나갔다. 그동안 한국에 가지 못했던 건 공부가 힘들었기 때문이라고 했다. 공부만 하겠다고 기왕에 마음을 다부지게 먹었는데, 향수병에 무너지면 그러지 않아도 어려운 공부에 큰 지장이 있을 것 같았다. 그 여자와 스티브가 동갑이니까 스티브가 그녀를 다시 만났을 때는 그녀도 얼추 서른이었다. 여기서 잠깐 내가 끼어들었다.

"그동안 사귄 여자는 없어요?"

"여러 명 있긴 했는데……."

스티브가 미국에 와서 사귄 여자들은 한결같이 백인이다. 이를 악물고 되도록 빨리 영어를 배우고 공부를 마치기 위해 그리고 빨리 미국사회에 동화되기 위해 한국 사람은 아예 만나지 않았다. 부모님을 볼 때와 한국 식당에 외식하러 갈 때를 제외하고는 말이다. 머릿속에서 뭔가 생각할 때도 영어로 했고 꿈도 영어로 꿨다. 심지어 집에서 동생과 대화할 때조차 영어를 썼다. 참 의지가 대단한 사람이다.

"결혼하고 싶었던 여자는 없었어요. 미국인처럼 살려고 노력했지만 결국 결혼은 한국 사람 아니면 못 하겠더라고요. 지난번 한국에 나간 것이 선보기 위한 이유도 있었고요. 그때 그녀를 다시 만났어요."

스티브가 그녀에게 연락을 했던 이유는 예전 교회 친구를 통해 그녀가 아직 혼자라는 얘길 들었기 때문이다. 그리고 무엇보다 그는 자신이 있었다. 거창하게 아메리칸드림까지는 아니지만 자신의 의지 하나로 버텨온 11년의 미국생활은 그 스스로 성공이라는 단어를 되뇌게 했던 것이다. 첫사랑에 관해서도 그는 자신 있었고 예전 감정은 그냥 옛 추억일 뿐이라는 여유로움도 있었다.

그러나 그녀를 11년 만에 다시 만났을 때 그는 자신의 모든 감정이 무너져 내리는 느낌이었다고 했다. 그녀의 몸에서 빛나는 광채가 느껴졌고, 그 광채는 눈이 부시게 아름다웠으며, 주체하지 못할 만큼의 두근거림을 경험해야 했다.

그러면서 그는 11년간이나 일궈온 자신감이 그녀 앞에서 슬그머니

사그라지는 비참함도 느껴야 했다.

짝사랑과 사귀다

미국으로 돌아와야 했기에 한국에서의 시간은 많지 않았다. 그동안 그녀와 매일 전화 통화를 하고 데이트도 했다. 그러면서도 그 시간을 불안해했다. 그녀의 지금 행동은 단순히 옛 친구에 대한 우정의 표현일 것이라는 의구심이 계속 들었다.

그 부분에서 나는 이렇게 말했다.

"스티브, 너무 순진한 것 아니에요? 상식적으로 친구의 감정만 있는 남자하고 매일 오랜 시간 통화하고 데이트 하는 여자가 어디 있겠어요?"

당신들은 당시 사귀는 과정이었다는 내 말에 스티브는 그게 아니었다고 우겼다. 그래서 어떻게 됐는데요, 라고 내가 묻자 스티브가 대답했다.

"내가 시간이 없어서 너무 성급했어요. 그녀도 나이가 있는데 웬만하면 받아줄 거란 생각도 들었고요. 그래서 미국으로 들어오기 전날 마지막으로 만나서 결혼해달라고 했어요."

여기까지 이야기했을 때 45분이라는 세션 시간이 지났고 더 줄 수 있는 15분까지 써버리고 말았다. 세션 시간은 잘 지켜야 한다고 배워왔고 경험상으로도 그렇게 하는 게 좋다는 걸 알았지만, 스티브의 이야기는 도저히 궁금해서 끊을 수가 없었다. 그래서 좀더 듣기로 했다.

"단번에 거절당했어요. 노력해봤는데 도저히 친구 이상의 감정이 생기지 않는대요. 이민 오기 전날 밤처럼 돌아오면서 많이 울었어요."

스티브는 이야기를 계속했다.

"그 느낌 아세요? 세상에서 가장 소중한 보물을 내 품에 넣는 순간 실수로 잃어버린 느낌. 정체가 확실히 잡히지 않는 후회의 감정만 계속 들고. 만약 계속 친구로 남아 있었으면 결국 내 여자가 됐을 거라는 생각 있잖아요. 가슴이 답답해서 밤에 잠이 오지도 않고 그냥 살기 위해서 밥을 집어넣기는 하는데 무슨 맛인지도 모를 정도예요. 그러다가 술을 마시기 시작했어요."

스티브의 이런 증상은 6개월째라고 했다. 그리고 술을 매일 마시기 시작한 것은 5개월 전이다. 그가 술을 마시기 시작한 이유는 두 가지였다.

1. 우울한 기분을 벗어나기 위해서?

이거 완전히 잘못 생각했다. 알코올은 기분을 떨어뜨리는 화학요소Depressant에 속한다. 술을 마시는 동안 신경이 마비돼서 고통스러운 일이 생각나지 않을 수도 있지만, 그건 그때뿐이다. 우울증 증세가 있는 사람에게는 결국 기분을 더 침체시키고 더 깊은 우울증에 빠져버리게 하는 것이 술이다.

2. 잠을 자기 위해서?

술기운을 빌려 잠을 자는 사람은 렘수면REM sleep을 건너뛰는 경우가 많다.
렘수면이 뭐냐 하면 처음에 잠이 들 때와 아침에 잠을 깨기 전의 아주 짧은 시간을 말한다. 렘이란 'Rapid Eye Movement' 의 약자다. 눈이 빨리 움직인다는 뜻이다. 짧은 시간이지만 잠자는 사람의 눈을 보면 쉽게 관찰된다.

렘수면이 중요한 이유는 인간의 신경이 이때 휴식을 취하기 때문이다. 술기운을 빌려 잠을 자는 사람은 렘수면을 충분히 취하지 못하고 신경도 충분히 쉬지 못한다. 정신 건강에 좋을 리 없다. 인간의 꿈도 렘수면 때 나온다.

그런데 스티브에게는 특이한 증상이 있었다. 술을 마실수록 정신이 맑아지고 머리만 많이 아파오는 것이다. 개인에 따라 술에 반응하는 모습은 다른데, 스티브처럼 반응하는 이들도 더러 있다. 이런 반응을 나타내는 사람의 특징은 술을 아무리 마셔도 잘 받지 않으며 결국에는 술을 거의 마시지 않게 된다. 그런데도 스티브는 계속 마셨다.

"나도 모르겠어요. 좋아하는 것도 아닌데 하루라도 마시지 않으면 힘들어하게 되데요."

진단 _ 자기 집착

일반적인 진단을 먼저 해보자.

스티브를 둘러싼 정신적인 문제의 키워드는 우울증과 강박증 그리고 자기 집착이다.

실연의 아픔이 우울증을 낳았고 그는 술에 강박증 증세를 보였다. 강박증 증세는 여러 경우에 나타난다. 아무 이유 없이 나타나기도 한다. 여러 이유 중의 하나가 정신적인 충격이다. 술 말고 어떤 한 가지 일에 강박적으로 집착하게 되는 경우도 많다. 스티브의 경우는 그게 하필 술이었다. 강박적으로 술에 집착했고 하루라도 건너뛰면 마음이 불안했다. 전형적인 알코올중독 증세와 비슷하다.

이제 특별한 진단을 해보자. 마지막 키워드인 자기 집착이 여기에 등장한다.

그는 성공하기 위해 자신을 미국화하려고 노력했다. 고향에 대한 향수와 외로움에도 불구하고 그는 한국인을 만나지 않았다. 생각도 영어로 했고 꿈도 영어로 꿀 정도였다. 사귀던 여자들도 백인이었으며 집에서까지 동생과 영어로 말했다. 좋은 말로는 '집념'이지만 나는 '집착'으로 해석했다. 그는 왜 그토록 미국생활에 집착했을까? 그 집착으로 생긴 자신감이 그녀를 만난 순간 왜 물거품처럼 허물어졌을까? 그리고 그는 나를 찾은 첫날 왜 자신의 마음을 쉽게 열지 않았을까?

집착은 자기애(나르시시즘)에서 나올 수 있다. 자기애는 인간의 자기보호본능 속에서 나온다. 학창 시절에 그녀를 연인이 아닌 친구로 위장한 것은 스스로 거절당하지 않기 위한 자기애와 자기보호본능일지 모른다. 쉽게 말해 그는 그녀 앞에서 자신이 없었던 것이다.

이민을 가면서 그는 자신만의 성공신화를 꿈꾼다. 자기를 보호하기 위한 나르시시즘은 11년의 독한 생활을 가능하게 했다. 그 근저에는 미국에서 성공하면 그녀도 자기를 좋아할 것이고 자신도 그녀 앞에서 당당해질 것이라는 신념도 있었을 것이다.

어쩌면 그 공식은 잘 만들어진 것인지 모른다.

그런데 결과적으로 그녀는 다시 또 그를 거절했고 그는 자기애에 치명적인 상처를 받았다. 집착을 가진 자에게 사랑의 상처는 상상 이상으로 크고 심각하다.

11년을 허물어뜨린 현실과 거기서 오는 자괴감 앞에서 술 외에 무슨 대안이 있었을까? 그리고 그 자괴감을 처음 만난 테라피스트에게 어떻게 정리할 수 있겠는가? 스스로도 정리가 안 될뿐더러 정리를 한다는 것은 자기보호본능에 완전히 역행하는 자살행위였을 텐데.

치료를 시작하다

이 기나긴 스토리를 읽고 여러분은 어떤 생각이 드는가? 스티브의 스토리가 〈세상에 이런 일이〉에 나올 만큼 특별한 케이스일까?

나는 아니라고 생각한다. 지극히 평범한 우리의 이야기라 할 만큼 특별하지 않다. 스티브에게는 미안하지만, 스티브가 술에 의존하면서 괴로워했던 6개월은 죽고 살 만큼 심각한 일이 아니라고 생각했다.

무엇보다 그가 스스로 진단한 그녀에 대한 성급한 프러포즈는 제대로 된 판단이다. 어쩌면 그녀는 스티브가 미국에서 거둔 성공에 고무됐을지도 모른다. 스티브의 계획대로 말이다. 다만 세상에 어떤 여자도 남자의 성급한 청혼을 앞에 두고 고민하지 않을 수 없을 것이다. 그래서 나의 치료는 이러했다. 무거움에서 가벼움으로의 전환, 사건이 아니라 에피소드로 인식시키기.

먼저 우는 게 괜찮다고 계속해서 설득했고, 그는 세션 도중에 마음 놓고 울었다. 무슨 말이든 다 하라고 했고, 자신의 귀로 다시 자신의 말을 들으라고 했다. 세상에 꺼내놨을 때 맘속에서 엉킨 수많은 난제가 의외로 쉽게 풀리고 별것도 아니네, 라고 생각되는 과정을 스티브에게 경험하게 해주고 싶었다.

두꺼운 노트를 주면서 매일 일어나는 감정을 손으로 쓰라는 과제를 내줬다.

특히 술을 마셔야겠다는 생각이 들 때마다 술 대신 노트를 채우는 습관을 늘려나가야 한다고 했다. 스티브는 엄청난 속도로 노트를 채워나갔다. 노트의 내용은 대부분 그 여자에 대한 감정들로 채워졌다. 시작을 하면 끝을 보려는 그의 강한 집념적 성격은 어쩌면 치료하기에 가장 쉬운 성격인지도 모른다. 이 과정 역시 자기의 마음속을 타자화하고 객관화하려는 의도다.

그리고 이완 기법Relaxation Technique을 적용시켰다. 결국 명상과 요가처럼 숨쉬기를 시작으로 하는 기술인데, 이완 기법의 경우는 숨쉬기 자체가 요체다. 혼자 하기보다는 테라피스트의 지시대로 하면 집중하는 가운데 몸과 마음이 편안해짐을 느낄 수 있다. 스티브는 집중력이 무척 좋아서 이완 기법을 적용할 때마다 만족스러워했다.

가벼운 치료Light Therapy도 병행했다. 편안한 의자에 앉게 하고 상담하는 동안 강력한 빛을 얼굴에 쪼이게 했다. 불쾌하고 눈이 부신 그런 빛이 아니고, 필요한 만큼 정제된 빛이다. 이 빛이 얼굴을 통해 필요한 에너지를 공급해주고 수면의 균형을 맞춰준다. 그러니 우울증과 수면에 문제가 있는 사람에게 좋은 치료법이라 할 수 있다. 물론 사람에 따라

그런데, 환청처럼 들려오는 어느 한 단어 앞에서 가슴이 싸해오는 것을 느껴야했다.

'통쾌?' 나는 진정 스티브의 치료에 성공한 것일까?

효과가 다를 수 있으니 항상 이 치료법을 적용하지는 않는다. 스티브의 경우는 효과가 아주 좋았다. 이 치료를 받고 돌아간 날은 잠을 더 잘 수 있었고 기분도 좋아졌다고 했다.

스티브는 하루하루 빠른 속도로 회복돼갔다. 내가 시키는 대로 열심히 따라주는 모범 클라이언트였다. 이런 사람들을 보면 치료자로서 너무나 고맙고 힘이 난다. 스티브는 그렇게 약 6개월간 치료를 받았고 회복이 돼 떠났다.

나는 마지막으로 스티브에게 궁금하게 생각했던 것을 물었다. 처음에 치료를 받으러 올 때 왜 문제를 잘 말하지 못하고 빙빙 돌리며 약속 시간에 빠졌는지 말이다.

"정말 답답하고 갈 곳이 없어서 왔는데, 막상 와서는 여자에게 실연당한 문제를 말한다는 게 창피한 거예요. 게다가 그 여자에 대해 얘기하면 나도 모르게 목이 메어 말을 잇지 못할 것 같은 거 있잖아요. 지금도 그 여자를 생각하면 가슴이 아프지만 그래도 살 만하네요. 감사합니다."

세상에서 가장 아름다운 사랑의 병, 그리고 남과 자기 자신에게 스스로의 약점을 인정하고 싶지 않은 자기보호본능.

나는 스티브의 치료에 성공한 걸까?

치료를 마친 지 3개월 정도 지나 스티브에게 전화가 왔다.

"선생님 저 결혼해요!"

'결혼?' 나는 진심으로 축하하며 행복하라는 말을 해줬다. 그런데 놀랍고 황당한 얘기를 들었다.

"선생님 덕분에 결혼하게 됐어요."

'나 때문에?'

나는 처음에 치료가 잘돼서 마음을 다잡고 새 삶을 시작할 수 있었다는 말로 이해했다. 그런데 그게 아니었다.

"나, 그 여자와 결혼해요. 나를 미치게 했던 한국의 그 짝사랑 있잖아요."

난 혼란스러웠다. 이게 무슨 소리인가.

"선생님이 숙제로 내준 그 감정노트 있잖아요. 6개월간 엄청 많은 분량이 모였더라고요. 마지막으로 한국에 나가서 그 여자를 만나 보따리에 싼 노트들을 줬어요. 그녀가 자신의 이야기로 가득 찬 그 노트들을 몇 장 넘겨보더니 갑자기 나를 멍하니 쳐다보는 거예요. 그러더니 엉엉 우는 거 있죠. 통쾌하더라고요."

끊어지지 않고 이어지는 그의 흥분된 목소리.

"그녀가 나의 프러포즈를 받아들였고 이젠 정말 그 여자와 결혼하게 됐어요. 그녀의 집에 가서 인사하고 날짜까지 받아났으니 이젠 도망가지 않겠죠. 지금 너무 행복하고요, 감사드려요."

나는 이 해피한 결론에 진심으로 스티브에게 축하의 말을 전했다. 그런데, 환청처럼 들려오는 어느 한 단어 앞에서 가슴이 싸해오는 것을 느껴야 했다.

통쾌? 나는 진정 스티브의 치료에 성공한 것일까?

그 많은 우울증의 원인을 지금부터 아주 짧게 간추리려고 한다. 그 이유는 메시지가 길면 길수록 잘 듣지 않게 되는 사람들의 보편적인 심리적 특성 때문이다. 나 개인적으로도 그렇게 교육을 받았다. '짧게' '명료하고 정확하게' 그리고 '말 수를 적게'.

우울증의 원인

- 유전. 40~70퍼센트의 연관성이 있다.
- 뇌 속의 세로토닌이란 화학요소의 부족. 많은 경우 우울증 약의 역할은 세로토닌을 늘려주는 것이다.
- 계절성. 가을이나 겨울에 빛이 부족해지면 우울증이 생긴다. (그럼 봄바람 난 사람들은 뭔지 생각해보자. 왜 봄바람이라고 할까?)
- 심리적 요소들. 자신감이 아주 낮은 사람, 패배주의에 빠져 있는 사람, 사실을 왜곡해서 생각하는 사람 등이 여기에 속한다.
- 젊을 때의 경험. 부모님의 죽음, 포기하거나 외면당했던 어릴 때의 경험, 만성 질병을 앓았던 경험, 육체적·정신적인 성적 학대(예쁘다고 어린아이 고추를 만지지는 말자. 그걸 성적 학대였다고 성인이 돼 털어놓는 사람들을 많

이 봤다). 이런 걸 통틀어 심리적 '외상후 스트레스장애Post Traumatic Stress Disorder'라고 한다.

- 삶에서 경험하는 일반적인 일들. 오랜 기간의 백수생활, 실직, 돈이 없어 고생하는 일, 배우자와의 사별이나 이혼 그리고 별거, 친척의 죽음, 오랫동안 알고 지내던 사람과의 관계 정리 등.
- 육체적으로 오래 지속되고 있는 병과 오랜 약 복용. 피임약조차도 지속적으로 복용하면 우울증을 야기할 수 있다.
- 다이어트. 지속적인 다이어트는 우울증 유발 가능성을 크게 한다.
- 술이나 마약복용. 술이 우울증을 유발할 수 있다는 말에 놀라는 사람이 많다. 언젠가 술 이야기만 집중적으로 할 기회가 있을 것이다.
- 산후 우울증. 여자들은 아이를 낳은 직후에 엄청나게 많은 호르몬을 잃는다.
- 우울한 사람과 함께 사는 것.
- 사회적 환경. IMF 위기 때 얼마나 우울한 사람이 많았나. 9·11 테러 이후 이곳에도 불안에 떠는 사람이 많았다.
- 완벽주의자들.

여기까지만 하자. 국제보건기구WHO에서 발행하는 『국제질병분류 9ICD-9』라는 의학 책에 나오는 내용을 간추려봤는데, 내 생각엔 빠진 게 너무 많다. 여자들의 생리와 폐경기 부분은 따로 들어갔어야 했다. 게다가 십대들의 호르몬 변화에 의한 우울증과 노인 우울증도 따로 기술되지 않았다.

자, 여러분은 우울증의 원인을 읽고 어떤 생각이 드는가. 아마도 많은 사람이 '도대체 이 많은 걸 어떻게 피하며 살지? 라고 생각할 것이다.

그렇다. 절대 피할 수 있는 일이 아니다.

우울증은 삶의 일부이기 때문이다.

내 말에 동의할 수 없는 사람은 다시 위로 올라가서 하나하나 복기해보기 바란다. 그중에 내 인생에서 한 가지라도 걸리지 않을 자신이 있는지 말이다.

워싱턴엔 왜 노숙자들이 많을까

내가 살고 있는 지역을 미국의 수도 워싱턴이라고 부른다. 그런데 사실은 워싱턴이 아니다. 이게 어떻게 된 일일까?

수도인 워싱턴 D.C.는 인구 58만의 중소도시다. 땅의 면적을 봐도 서울의 구 몇 개를 합친 크기밖에 되지 않는다. 초대 대통령 조지 워싱턴이 나라를 효과적으로 관리할 위치를 찾았는데 그게 바로 메릴랜드 주와 버지니아 주의 땅이었다. 이 두 주에서 정확하게 땅을 반씩(256킬로평방씩) 양도했고, 조지 워싱턴은 그 땅에 자신의 이름을 붙였다.

워싱턴 D.C.의 역사

옛날이지만 참 대단한 권위다. 수도에다가 자신의 이름을 붙이다니. 이만한 권위와 파워라면, 더군다나 민주주의에 대한 시스템 정립이 미비했을 건국 초기라면 충분히 장기 집권을 꿈꿀 만도 했다. 게다가 당시에는 해밀턴이라는 사람을 중심으로 한 왕당파들이 조지 워싱턴을 왕으로 옹립하려고 혈안이 돼 있을 때였다.

그러니 그때 그가 마음만 먹었다면 지금 미국인들은 워싱턴 가문이라는 왕가를 정신적 지주로 떠받들고 있을지도 모를 일이다. 물론 토머스 제퍼슨을 중심으로 한 공화파들이 핏대를 세우고 왕당파와 대립을 한 게 효과를 본 면도 있겠지만, 조지 워싱턴은 전혀 왕이 될 생각이 없었던 것 같다.

대통령 임기가 끝나갈 때 공화파조차도 그를 재옹립하며 설득했지만 그는 전통을 세워야 한다는 이유를 대며 야인으로 돌아갔다. 이후로 그의 임기가 미국 대통령 임기의 기본이 됐다.

게다가 미국의 독립은 사실 그의 공이 절대적이라고 봐도 무방할 것 같다. 독립군의 총사령관으로 사령관들에게 명령을 내린 정도로 그의 공로가 그치는 건 아니다.

독립전쟁 초기와 중기에는 미국의 독립군들이 영국군에게 엄청나게 깨지고 있었다. 그건 전국적인 현상이었다. 전혀 독립의 희망이 없는 듯했다. 그런데 영국군에게 계속 승리를 거두는 부대가 딱 하나 있었는데, 바로 총사령관 조지 워싱턴이 직접 이끄는 직속 부대였다. 영국군에게는 열 번 싸우고 단 한 번 패하는 이 1패가 아홉 번의 승리를 기뻐하지 못할 만큼의 큰 쓰라림이었다.

워싱턴은 대단한 군사 전략가이기도 했던 것이다. 그러니 영국은 그의 부대에게 패할 때마다 그 타격은 커져갔고, 타격이 커지면서 다른

왜 한국보다 미국에 노숙자가 많을까? 그것은 미국이 그들에게 노숙할 수 있는 자유를
더 많이 주기 때문이다.

독립군들에게도 패하기 시작했으며, 결국 두 손을 들 수밖에 없었다. 즉, 독립전쟁에서 그의 공로는 총사령관이라는 타이틀 이상이었다.

그렇기에 자신의 이름을 수도 이름에 붙인다고 해서 뭐라고 반대할 사람은 없었을 것이다. 나중에는 미국의 수많은 장소에 워싱턴이라는 이름이 붙여졌다. 200년이 더 지난 지금까지도 워싱턴이라는 지명이 계속 생기는 걸 보면 그는 국부로서 끊임없는 사랑을 받고 있는 듯하다. 왕이 될 수 있었음에도 왕이 되지 않았고 장기집권의 유혹까지 떨쳐버린 덕을 (미국이나 워싱턴 자신이나) 톡톡히 보고 있는 것이다.

'콜롬비아의 워싱턴 지구Washington District of Columbia' 가 미국 수도의 정식 지명이다. 지구district는 특별 자치구역이나 행정구역, 특별시 등으로 해석하면 되고 콜롬비아Columbia는 미국 대륙을 처음 발견한 콜럼버스를 말한다. 이를 줄여 워싱턴 D.C.라고 부른다. 초대 대통령 롬이 붙여놓은 이름이다.

나는 처음 이민 왔을 때는 버지니아 주에 살았고 지금은 메릴랜드 주에 살고 있다. D.C.와는 분위기나 환경이 많이 다름에도 불구하고, 더군다나 D.C.가 아닌 곳에 살고 있음에도 불구하고, 사람들은 내가 워싱턴 D.C.에 살고 있다고 말했다. 이제는 나 자신조차 그게 익숙해져서 자연스럽게 워싱턴 D.C.지역이 내가 사는 곳이라고 말한다.

또 D.C.의 국제공항들을 찾아보면 댈러스, 레이건, BWI 이렇게 세 개의 공항이 나오는데, 댈러스와 레이건은 버지니아 주에 있고 BWI는 메릴랜드 주에 있다. 또 D.C. 안의 수많은 연방 정부기관에서 일하는 사람들 대부분은 메릴랜드 주와 버지니아 주에서 출퇴근을 한다.

이러한 여러 가지 이유로 인해 D.C.와 한 교통권에 있는 메릴랜드와 버지니아지역을 통틀어 워싱턴 D.C. 혹은 워싱턴이라 한다. 혹시 이 지역에 오는 사람들은 지명 때문에 헷갈리지 않기를 바란다.

앞으로 워싱턴지역과 D.C.를 구별하겠다. 내가 워싱턴지역이라고 하면 D.C.를 포함한 광범위한 지역을 의미하고, D.C.라고 하면 정말 지명상의 수도만을 뜻하는 것으로 생각하면 되겠다.

2만 5천 명에 달하는 워싱턴의 노숙자들

이곳 워싱턴지역에서는 노숙자들을 흔하게 볼 수 있다.

한 통계에서는 만 명도 안 되는 것으로 나왔는데 절대로 그럴 리가 없다. 아무리 생각해봐도 2만 5천 명쯤은 되지 않을까 하는 게 내 생각이다. 이곳에서는 노숙자들이 숙식을 할 수 있는 보호소가 수도 없이 많다.

하지만 보호소라고 해서 아무나 들어가 살 수 있는 게 아니라 절차를 거쳐야 한다. 먼저 적합한 사람의 추천이 필요하고 그곳의 룰에 따르겠다는 결심이 있어야 한다.

그런데 그 수많은 보호소는 항상 노숙자들로 넘쳐나고 그곳에 지원서를 집어넣고 오랜 시간 연락이 오기를 기다리는 사람들 또한 넘쳐난다. 기거할 곳을 찾지 못한 사람들은 따뜻한 곳을 찾아 신문지 같은 것을 덮고 길에서 잠을 자는데 추운 겨울에는 사망자가 많다.

내가 나가는 병원의 수많은 환자 중 3분의 1 이상은 노숙자 출신이고 지금도 보호소에 살며 치료받으러 오는 사람이 꽤 된다. 혹은 졸지에 노숙자가 되는 환자도 많은데, 그럴 경우에는 급히 보호소에 연락해서 언제쯤 내 환자를 받아줄 수 있는지를 조사한다.

이렇게 보호소를 중심으로 어림잡아도 만 명이 훌쩍 넘어가는데 워싱턴지역의 노숙자가 만 명도 안 된다는 조사의 근거가 무엇인지 새삼 궁금해진다.

노숙자에 대해서는 미국의 빈부격차나 다른 사회적인 모순에서 원인을 찾으려는 사람이 많지만, 그리고 그러한 관점이 틀렸다고는 말할 수 없지만, 내가 생각할 때 좀더 근본적인 원인은 따로 있다.

먼저 노숙자들이 받을 수 있는 미국의 복지 프로그램을 들여다보자. 대부분의 한국인에게는 관계가 없으니 그냥 상식선에서 간단하게 설명하겠다.

미국의 복지 프로그램

1. 보조적 보장소득SSI, SSDI

적게는 한 달에 5백 불, 많게는 1천 불 정도까지 받을 수 있다. 특히 노숙자들은 정신적인 장애를 앓고 있는 경우가 많기 때문에 돈을 더 나오게 할 수도 있다.

2. 주거혜택 위원회HOC: Housing Opportunity Commission

아파트 월세 비용의 70퍼센트를 조건 없이 내주는 프로그램이다.

3. 무제한 주거보조 제도HUI: Housing Unlimited Institute

HOC 프로그램뿐 아니라 다른 집값 보조 프로그램들이 HUI에 수두룩하다. 잘만 하면 아예 집값을 내지 않는 프로그램도 잡을 수 있다.

4. 국민의료보조Medicare, Medicaid

건강보험인데 노숙자들은 나이를 불문하고 누구나 받을 수 있다.

5. 식량보조 프로그램Food Program

지역마다 이름을 달리한 식량보조 프로그램이 있는데 내가 사는 지역에서는 한 달치 음식을 큰 박스 두 개에 나눠 집까지 배달해준다. 무료서비스다.

6. 교통보조 프로그램MetroAcess, Call-and-Ride, MediTransit

아예 택시를 보내주기도 하고 워싱턴지역이면 어디든 데려다준다. 거의 무료라고 봐도 무방하다. 이 교통 프로그램에 이름이 올라가 있는 사람은 당연히 공공교통도 무료다.

7. 교육프로그램

대학공부나 직업교육을 받겠다면 수업료를 100퍼센트 대준다. 책값과 가스값(운전을 하는 경우)까지 다 나온다.

노숙자들은 대부분 위에 나온 복지 프로그램의 수혜자가 될 수 있다.

한 달에 8백 불을 보조받는 내 환자는 예전에는 노숙자였는데 지금은 복지 프로그램에서 모두 지원해주기 때문에 8백 불을 딱히 쓸 데가 없어 매달 고민한다. 이것이 고민이 될 수밖에 없는 것이 통장잔액이 2천 불 이상이 되거나 직장에서 한 달 수입이 860불을 넘으면 수혜 자격을 박탈당하기 때문이다.

결론적으로 내 환자는 직장을 구하려는 열망도 없고 어떻게 8백 불의 돈을 써야 하는지를 고민하다가 1년에 서너 번 캐러비안 해역 쪽으로 여행을 간다. 드문 경우이기는 하지만 가족 단위가 아니라 대부분의 노숙자처럼 혼자라면 그리고 모든 프로그램을 잘만 연결해준다면 내 환자처럼 살 수도 있는 데가 미국이다.

이러한 복지제도들이 버젓이 존재하는 것을 지켜보고 있는 나로서는 빈부격차나 사회적인 문제로 노숙자들을 생각하기보다 다른 관점에서 원인을 생각하게 된다.

물론 그러한 문제들을 아주 부정하는 건 아니다. 내가 궁금했던 건 대부분의 노숙자가 위에서 말한 복지 프로그램들의 수혜 자격이 있음에도 불구하고 왜 길에서 노숙생활을 하고 있을까 하는 점이었다.

노숙자들에 대한 예전의 생각

고백하건대 오래전에 나는 한국말로 '노숙자'라는 단어를 알지 못했다. 성인이 돼서도 한참동안 나는 그들을 '거지'라고 불렀으며, 그중에서도 특히 상태가 안 좋은 사람들을 '상거지'라고 불렀다. 거기에는 그들에 대한 모멸감이 깔려 있었으며 '게을러서 일을 하기 싫어한다'는 선입관을 모든 거지에게 적용했다.

그들은 나에게 희열의 대상이기도 했다. 한국에서 한때 나는 수도원에 다닌 적이 있는데, 그때는 나도 나름대로 종교적인 성스러움을 추구한다고 생각했다. 가끔씩 그들에게 자발적으로 찾아가 동냥을 해주면서 '착한 일'을 했다는 자기만족에 사로잡히기도 했다. 한번은 서울의 어느 다리 위에 앉아 동냥하고 있는 사람에게 함께 식당에 가서 밥을 먹자고도 했다. 그때 그 아저씨는 이렇게 말했다.

"우리 같은 사람이 식당에 가면 싫어해요. 그냥 돈만 몇 푼 놓고 가는 걸 우린 제일 좋아합니다."

그래서 그릇에 종이돈을 놓아줬지만 술 냄새를 엄청 풍기는 그 아저씨를 향해 속으로 나는 이렇게 말하고 있었다.

'또 술이나 사먹어라.'

딱 한 번 그들에게 연민을 느낀 적이 있기는 하다. 어느 추운 겨울날이었는데 현관문을 열어놓고 피아노를 치고 있었다.

그때만 해도 옛날이고 내가 살던 곳이 시골로 대접받던 시대였다. 중학교 때였는데 어린 마음에 집 안에 피아노가 있다는 걸 자랑하고 싶어서 자신 있게 연주하는 곡이 있으면 문을 열어놓곤 했다. 그러면 가끔씩 동네 여자아이들과 친구들이 구경을 하러 왔고 나는 우쭐해했다. 그때 '오버' 했던 일은 지금 생각해도 얼굴이 화끈거린다.

그런데 하루는 문 앞에서 이런 말이 들렸다.

"한 푼만 도와줍쇼."

나는 깜짝 놀라서 문으로 가봤다. 거기에는 행색이 초라한 할아버지 한 분이 벌벌 떨며 서 있었다. 나는 순간적으로 화가 났고 문을 쾅 닫고는 잠가버렸다. 그런데 문 밖에서 그 노인의 절규하는 듯한 말소리가 들렸다.

"젊은이, 내 마음은 어떨까 한번 생각해봤소?"

무슨 이유인지 그 말을 들은 나는 안절부절못했다. 문 밖에서는 그 노인이 다리를 절며 무겁게 발걸음을 옮기는 소리가 들렸다. 약간의 시간이 지났고 나는 냉장고에 있던 우유를 생각했다. 나름대로는 그 노인이 배가 고플 거라는 생각에 우유를 꺼내들었는데 참 무지하고 사려 깊지 못한 짓이었다.

한겨울에 벌벌 떠는 노인에게 냉장고에서 꺼낸 우유라니. 나는 우유에 빨대를 꽂아(아, 빨대까지 꽂아주는 이 사려 깊음이라니!) 집 밖으로 뛰어나갔다. 그리고 다리를 절며 천천히 걷고 있는 노인을 찾아가 그 우유를 내밀었다. 그 노인은 약간 놀란 표정을 짓더니 눈물을 글썽거리며 우유를 받아들었다. 그러더니 이렇게 말했다.

"젊은이, 복 많이 받을 겁니다. 고마워요."

나는 그때 진심으로 가슴이 찡함을 느꼈고 그 노인이 불쌍하다는 생각을 했다.

나중에야 정신이 들어 생각난 거지만 그 추운 겨울에 냉장고에서 꺼낸 차가운 우유로 속을 달랬을 노인을 생각하니 죄송하고 가슴이 아팠다.

그때가 아마 내가 이쪽 일에 발을 들여놓기 전까지 노숙자에게 느꼈던 처음이자 마지막 연민이었던 것 같다.

이곳 워싱턴지역으로 이민을 왔을 때 수많은 노숙자를 보는 건 흥밋거리였다. 미국을 무슨 꿈의 나라로 생각했다가 한국보다 더 많은 사람이 길거리에서 동냥을 하고 신문지로 몸을 에워싸며 잠자고 있는 모습을 목격한 건 내게 문화적 충격이었다. 특히 D.C. 쪽으로 가까워질수록 그 숫자는 늘어났고 아예 D.C. 안의 어느 관광지들은 그들의 안방이었다. 세 살 버릇 여든까지 간다고 여기 미국에 와서도 나는 그들을 내적 만족감의 대상으로 삼았다.

한국에서 외국 신부님들과 길을 걸어갈 때면 유난히 노숙자들이 다가오곤 했는데 그들에게 동냥을 해주는 신부님들의 모습을 보고 뭐랄까, 나는 자존심이 많이 상했더랬다. 웃기는 얘기지만 민족적인 자긍심에 상처가 나는 듯한 느낌이었다.

그때의 그 느낌을 나는 여기 미국인 노숙자들에게 동냥을 해줌으로써 되갚고 있었다. 특히 백인 노숙자에게 해주는 동냥은 그 만족감이 더했다.

🌸 미국에 노숙자가 많은 이유

이른바 후진국일수록 노숙자가 넘쳐난다. 살기 힘들기 때문이다. 갑자기 들이닥친 IMF 위기 때 우리나라에도 노숙자가 늘어났다. 하지만 1인당 국민소득이 1만 불 이상인 나라들을 놓고 볼 때는 약간 다른 식으로 생각해야 하지 않을까.

미국의 노숙자들에 대한 정부의 무대책과 일반인들의 개인주의적 성향에서 오는 무관심 때문이라고 말하는 것은 정확한 설명이 되지는 않는다. 앞서 말했지만 노숙자 출신의 한 환자는 복지혜택으로 받는 돈이 남아 캐러비안 해역으로 매년 여행을 다닐 정도다. 거기다가 지난번 에릭의 경우를 생각해보자. 동부에서 서부까지 무일푼으로 무사히 도보 여행을 할 수 있었던 것은 수많은 보호소와 교회에서 음식과 잠자리를 제공하고 지나가는 사람들이 현금을 제공한 덕이었다(에릭은 그 현금 대부분을 담배 사는 데 소비했지만 그것조차 나름대로 힘이 됐던 것 같다).

유럽과 비교해서 설명하면 좋겠지만 그쪽의 노숙자들 문제에 대해서는 문외한이다. 그나마 한국에 대한 기억을 더듬어 두 나라에 대한 비교만 가능하니 데이터의 한계를 이해 바란다.

내 생각에는 미국이 그들에게 노숙할 수 있는 자유를 더 많이 주기 때문이 아닐까 한다. 예전의 한국에도 셀 수 없이 많은 노숙자가 있었다. 특히 서울의 전철역 어디를 가나 그들을 볼 수 있었다. 그런데 언제부터인가(아마 86년 아시안게임과 88년 올림픽 때부터) 노숙과 동냥을 불법화했고 단속을 심하게 했다. 그 여파로 지금은 목탁을 치면서 문 앞에 서 있는 스님들도 볼 수 없다. 내가 알고 있는 당시의 수용시설이라고는 꽃동네를 비롯한 소수의 마을밖에 없었다.

하여튼 이러한 노숙의 자유에 대한 차이가 미국의 길거리에서 노숙자들을 더 많이 볼 수 있는 이유 중 하나인 것 같다.

또 한 가지 한국과의 커다란 차이점이 있다. 바로 가족의 가치에 대한 문화적 차이다.

내 환자들을 보면서 가족에게 버림받은 사람이 대부분이라고 생각했다. 하지만 그게 많은 미국인 가정의 일상일 수 있다는 사실을 느꼈을 때 나는 놀랐다. 아무리 한국이 이혼율이 높아졌다고 하지만 이곳을 따라오지는 못한다. 환자들뿐 아니라 내가 아는 수많은 미국인을 둘러봐도 한국에서 이야기하는 이른바 '결손가정' 출신들이 더 많다.

배다른 형제는 기본이고 의붓어머니나 아버지가 수시로 바뀌는 사람도 태반이다. 게다가 서로 책임을 지기 싫어해 동거해 아이를 낳아 키우다가 싫어지면 떠나버리는 사람 또한 수두룩하다. 이처럼 이른바 결손가정이 사회의 더 많은 비율을 차지할 때, 이는 그들의 문화라고 봐도 무방할 것 같다.

이곳이 바로 이러한 문화를 불편하지 않게 여기는 사회다. 물론 직접 겪을 때 상처가 되고 불편하고 힘든 건 어디서나 공통된 현상이다. 하여튼 이런 문화 속에서는 가족 간의 유대감이나 끈이 얇을 수밖에 없다. 그건 서로의 사랑이나 책임이 약함을 의미한다. 내가 아는 미국인들 중에서 이런 사람도 흔하게 볼 수 있다. 배다른 형제가 있는데, 그 형제의 다른 형제에게는 내가 아무런 혈연관계가 없는 그런 관계들.

이러한 가정환경에서는 많은 사람이 그렇게 자라고 다시 그런 가정을 만든다. 이런 가정에서 자란 사람들의 개인 히스토리를 보면 극명하게 두 가지 길로 나뉘곤 한다. 아주 잘 살거나 아니면 나락으로 떨어지거나.

그런 점에서 결손가정에서 자랐던 클린턴 전 대통령은 극단적인 성공을 한 사례다. 한국 같으면 어려운 가정환경을 극복한 데 대해 수많은 경외심이 따라왔을 것이다. 결손 가정이 주류가 아니기 때문이다. 클린턴의 경우 극복해야 했던 가정환경에 대해 언론에서 종종 말하긴 했지만, 그 점 때문에 그를 존경한다거나 대단하다고 말하는 사람은 거의 보지 못했다.

정도의 차이는 있지만 그런 결손가정이 미국에선 아주 흔하기 때문이다. (클린턴의 르윈스키 사건 등의 원인을 그의 어릴 적 환경에서 찾는 사람이 많은데 난 그게 편견일 수 있다고 본다. 이른바 정상적인 가정에서 자란 사람에게도 그런 문제는 흔히 발생하기 때문이다.)

그렇다고 미국에 결손가정만 있다는 식으로 오해하지는 말았으면 한다. 뒤에서 설명하겠지만 이들에게도 가족은 무척 중요한 가치다.

내가 지금까지 치료를 했거나, 치료하고 있는 노숙자 출신이 약 20여 명이다. 동료들과의 의견 교환을 통해 알게 된 다른 노숙자 출신 환자까지 합하니 약 50여 명의 개인 히스토리를 알고 있다. 그들의 공통점은 어릴 때부터 한국인이 생각하는 그런 정상적인 집안에서 자랐던 사람이 없다는 것이다. 단 한 사람도 없었다. 단순 이혼을 결손가정의 조건에 넣지 않더라도 결과는 마찬가지다.

가족 간의 사랑과 책임이 옅은 집안의 문제가 또 있다. 뒤떨어지는 자녀나 형제를 돌봐 줄 가족이 부족하다. 뒤에 나올 마가렛의 경우가 그렇다. 그녀의 형제들을 이해 못 하는 건 아니다. 하지만 이번에도 그녀가 노숙하게 된다면 죽을지도 모르는 일인데, 아무도 나서서 도움을 주지 않았다. 이런 일은 비단 마가렛에게만 일어나는 게 아니었다. 내가 볼 때 미국의 노숙자 양산은 바로 이런 가족의 가치^{Family Value} 부재에서 기인하지 않을까 생각한다.

가족의 가치 부재는 미국인들 자신도 인정하고 있고, 그래서 더욱 이 가치를 동경한다. 예를 들어서 공화당의 정치적 모토가 바로 가족의 가치다. 부시 집안의 바바라 부시 여사와 현재의 영부인인 로라 부시 여사를 중심으로 한 단란한 가정을 부각시키기 위해 만들어진 구호인데, 공화당과 부시 집안에 엄청난 플러스 작용을 한다.

대선 전의 공화당 전당 대회에서 두 여인이 연설을 하며 단란한 가정의 모습이 부각될 때마다 지지율은 커다란 상승을 보여왔다. 부시 집안의 승승장구에는 이 교묘한 모토가 숨어 있고 효과가 큰 것을 볼 때 가족의 가치에 대한 미국인들의 동경과 경외심을 알 수 있다.

내가 공화당의 이 모토에 대해 '교묘하다'라고 말하는 이유가 있다. 지난번 대선 때 공화당의 부시가 내세웠던 게 가족의 가치를 중심으로 한 도덕성이었다. 말도 안 되는 거짓말과 거짓 정보로 이라크를 침공했던 공화당과 부시가 도덕성을 내세웠고, 또 그게 대선에서 먹혀들어가는 것을 보면서 커다란 아이러니를 실감했다. 그만큼 가족의 가치가 미국인들에게 큰 정신적 목표이자 동경의 대상이라고 보면 될 것이다.

나는 유럽에 살고 있는 사람들의 삶과 가족의 가치가 미국과는 또 다르다고 들었다. 개인주의 사회이면서도 독특하고 끈끈한 뭔가가 있다고 들었는데 그게 뭔지는 잘 모른다.

시작을 알아야 한다

정신병을 크게 강도에 따라서 '약함' '중간' '심각' 이렇게 구분을 한다면, 노숙자들의 과반수가 '심각' 이라는 카테고리에 들어간다. 알코올이나 마약 같은 이른바 약물중독에 걸린 사람이 많고, 특히 정신분열 증세를 보이는 사람도 많다.

이들이 마약과 알코올중독에 걸린 걸 보고 나는 처음에 '돈이 어디 있어서?' 라고 생각했다. 그런데 그들과 인터뷰를 하면서 알게 된 건데, 그들 태반이 노숙자가 되기 전부터 중독 현상이 시작됐다는 것이다.

최소한 미국에서는 술과 마약중독이 노숙자가 되는 지름길(?)이 아닐까 생각했다. 거기다가 술은 더 저렴한 돈으로도 구할 수 있으니 노숙자생활 중이라도 계속 마실 수 있다.

중독에 걸린 사람보다 더 많은 노숙자가 정신분열증을 앓고 있다.

물론 중독 현상과 다른 정신질병을 함께 앓는, 이른바 중복 장애Co-occurring Disorder를 앓고 있는 사람 또한 많다. 여기에 해당하는 노숙자들에 대해 생각해볼 문제는 또다시 윗글과 같다. 노숙자가 되면서 얻은 병인가, 아니면 노숙생활 전에 생긴 병인가? 역시 답은 후자가 태반이라는 것이다.

잠깐 정리를 해보자. 알코올중독, 마약중독, 정신분열증에 심하게 걸린 사람들은 당장은 아닐지라도, 돌봐줄 사람이 포기하거나 죽는다면 다시 노숙자생활로 접어들 가능성이 크다는 공식이 나온다.

이들 외에 또 어떤 이들이 있을까?

정신지체 문제가 있는 사람이 많다. 아주 약한 정신지체라 하더라도 이들은 정상적인 사회생활을 하기가 힘들다. 직업훈련을 통해서 어느 정도의 기술습득과 단순노동이 가능하지만 피나는 노력이 있어야 한다. 노숙자들 중에는 이런 정신지체에 해당하는 사람들이 또 태반이다.

정상적일 수 있는 사람들

나는 찻길 한가운데의 아일랜드에 서서 동냥을 하고 있는 노숙자들을 매일 보면서 출퇴근을 한다. 이들은 항상 어떤 팻말을 들고 있고 모습도 상대적으로 단정한 편이다. 그 팻말의 내용들은 이렇다.

'퇴역군인입니다. 도와주십시오.'

'다섯 아이의 어머니입니다. 그리고 직장을 잃었습니다. 직장을 얻으려 노력중이니 조금만 도와주세요.'

'배가 고픕니다. 도와주십시오. 그리고 신의 축복이 있기를.'

이런 팻말을 들고 운전자들의 감정에 호소하며 하루 종일 그 아일랜드에 서 있지만, 익숙한 일상처럼 그들을 보며 사는 이곳 사람의 대부분은 신호등이 바뀌면 무심히 지나가버린다. 나도 무심하게 매일 지나치는 사람 중의 한 명이다.

어느 날 이 아일랜드에서 팻말을 들고 동냥을 하던 여자가 우리 병원의 환자로 들어왔다. 나뿐 아니라 다른 스태프들도 그녀의 얼굴을 자주 보았다고 했다. 그녀의 정신건강 상태를 테스트했던 담당 테라피스트는 그녀의 병명을 우울증과 마약중독으로 적었다. 마약은 나중에 손을 댔던 것이고, 심한 우울증은 오래전부터 앓고 있었다.

어느 날 그녀의 담당 테라피스트가 전체 스태프에게 이메일 한 통을 보냈다. 놀라운 내용이 들어 있었다.

그 아일랜드에서 동냥하며 노숙자생활을 하던 그녀가 변호사 시험에 합격했다는 것이다. 한국의 사법고시 수준까지는 아닐지라도 이곳에서 변호사 된다는 건 만만치 않은 일인데, 그녀는 해냈던 것이다.

그녀에 대한 자세한 내용은 알지 못한다. 하지만 정말 일을 할 수 없는 증상과 환경 때문에 길에 나앉았고 노숙자생활을 할 수밖에 없었던 처지에서, 이제는 법원에 들락거릴 정도의 커리어우먼이 됐다는 사실은 매우 드라마틱한 인생역전이다.

그녀는 워싱턴지역의 정신병원들을 돌며 스태프와 환자들을 상대로 종종 강연을 한다. 나도 그녀의 강연에 들어가본 적이 있는데, 그녀가 말하는 인생역전의 계기는 올바른 치료약과 정신 상담이었다. 그 말을 들었을 때 나는 어깨가 으쓱했다. 내게도 저렇게 성공하는 노숙자 출신 환자가 있었으면 하는 부러움도 있었다.

그녀처럼 변호사까지는 아니더라도 성공한 노숙자 케이스는 많이 있다. 대학교에 들어가 늦게나마 열심히 공부하는 사람들. 백화점이나 공공도서관에 취직해서 일을 잘하고 있는 사람들. 한 젊은 노숙자는 의사 남편을 만나(정신과 의사는 아님) 결혼했고 현재까지 잘 살고 있다.

　이런 사람들은 아무래도 위에서 말한 정신분열증이나 정신지체인들 보다는 더 정상인에 가깝다. 내가 강조하려는 것은 얼마나 많은 다른 이유로 노숙자가 될 수 있는가 하는 점이다. 그리고 정신치료로 얼마나 많은 사람의 인생이 바뀔 수 있는가 하는 점이다.

거리의 난폭자 마가렛,
그녀의 고맙다는 말

그러니까 그녀의 이름은 마가렛이었다. 내가 처음 그녀를 만났을 때 그녀의 나이는 마흔다섯 살이었다. 흑인이었고 할머니였다. 그 나이에 손자손녀가 수두룩했으니 젊지만 할머니가 맞다.

마흔다섯밖에 되지 않은 나이에 낳은 아이가 무려 열 명이었다. 가장 큰딸이 서른을 바라보고 있었으며 가장 어린 막내아들이 세 살이었다. 아이들의 아버지는 모두 달랐고 마가렛의 손에서 큰 아이는 단 한 명도 없었다.

그녀는 분열성 정동장애Schizoaffective Disorder를 앓고 있었다. 분열성 정동장애란 정신분열증과 기분관련 장애가 혼합된 증상을 이르는 병이다. 예를 들어 정신분열증과 우울증을 함께 나타내거나 혹은 조울증 증세를 같이 보이면 분열성 정동장애라고 부른다.

정신분열증 환자 중에서도 정말 소수에 속하는 증상이지만 그녀는 증상이 심해지면 폭력적으로 변했다. 증상이 심해진다는 건 약을 먹지 않고 있다는 뜻이기도 했다. 그래서 한번은 커다란 사건이 벌어졌는데 이 이야기는 맨 나중에 하겠다.

어쩌다 노숙자가 됐나?

그녀는 D.C.에서 태어나 그곳에서 자랐다. 그리고 별다른 계기도 없이 고등학교 때부터 정신분열 증세를 보이기 시작했고 나이가 들면서 점점 더 심해져 대학을 중퇴해야 했다. 처음엔 그녀의 친언니들이 돌아가며 그녀를 돌봐줬지만 시간이 지나자 집 안에서 서로 그녀를 쫓아내는 지경이 됐다. 처음엔 그녀의 가족들이 무심하다고 생각했는데 나중에 들어보니 그럴 수밖에 없는 상황이었다.

그녀의 언니들도 가정이 있고 자녀들이 있었다. 마가렛은 상태가 안 좋아질 때면 언니들을 때렸고 아이들은 벌벌 떨었다. 이웃집까지 다니면서 소란을 피우는 일도 다반사였고 돈만 생기면 밖에서 술을 먹다가 길에서 잠을 잤다. 그러다가 경찰에 이끌려 집으로 돌아오면 또다시 소란을 피우는 일이 부지기수였다. D.C.에서는 길에서 잠을 자는 노숙자가 많아서 웬만하면 경찰들도 신경 쓰지 않는데, 어떻게 여러 번 경찰이 집으로 데려다주게 됐는지는 나도 모른다.

하여튼 이러한 일들이 반복되자 언니들은 도저히 그녀를 돌볼 수 없어 그녀는 보호소에 보내졌다. 그런데 보호소에서도 문제를 일으켰다. 보호소가 정한 시간까지 돌아와야 하는데 잘 지키지 않았고, 그 안의

마가렛은 마흔다섯밖에 되지 않은 나이에 낳은 아이가 무려 열 명이었다.

가장 큰딸이 서른, 가장 어린 막내아들이 세 살이었다. 그리고 아버지가 모두 달랐다.

다른 노숙자들과도 잘 어울리지 못했다. 결국 거기서도 쫓겨나는 신세가 됐다.

보호소에서는 웬만하면 대책 없이 사람을 내보내지 않는다. 분명히 그녀의 보호자인 언니들에게 연락을 했을 터인데 그녀는 돌아가지 않았다. 그때부터 마가렛의 본격적인 노숙자생활이 시작됐던 것이다.

이미 고등학교 때부터 아이들을 낳았던 마가렛은 노숙자생활을 하면서도 아이들을 낳았다. 아이가 하나씩 생길 때마다 그녀는 언니들을 찾아갔고 언니들은 아이를 하나둘씩 맡아서 키웠다. 그렇게 그녀는 열 명의 아이를 낳았다.

중증환자 전문 테라피스트?

대책 없이 그녀를 담당하게 됐다는 말이 정확한 표현인 것 같다. 어느 날 위기관리센터 디렉터에게 연락이 왔다. 그리고 디렉터는 나를 불렀다.

"다 죽어가는 노숙하는 여자가 있는데 네가 치료 좀 해주라."

"미안. 그건 못 하겠어."

나의 대답은 간단했다.

병원이 보호소냐? 노숙자라 해도 의식주 중 뭐 하나 엔간한 사람을 받아야지 집도 절도 없는 사람을 무작정 받아서 나더러 책임지라고? 지난번 제시카 때만 해도 나는 '안 돼'라는 말을 못 했는데 이때쯤 해서는 싫다 좋다를 정확하게 할 수 있을 만큼 노련해져 있었다. 그런데 디렉터는 더 노련했다.

"세라랑 친하지?"

세라는 지난번 에릭 편에서도 나왔던 위기관리센터에서 일하는 사회복지사다. 에릭 사건 때문에 안면을 텄고, 이후에도 사건이 생길 때마다 상부상조하면서 친하게 지냈다. 서로 죽이 잘 맞아 함께 일하기가 편했다.

그런데 그 세라하고 친한 게 뭐 어쨌다는 건가.

"세라가 지금 많이 곤란한가봐. 그 노숙자가 난동을 부려서 사고가 났는데, 하필 세라가 그 시간 담당이었다는군. 그런데 난동 때 잠깐 자리에 없었다나 봐."

그런 일이 있었나?

"알다시피 우리가 노숙자라고 치료받을 사람 차별하는 것 봤나? 그 마가렛이라는 환자를 받으면서 그쪽에서 세라 이야기를 하더라고. 마침 자네 생각이 났네. 증세가 심하기도 하고. 또 심한 증세일수록 자네가 전문 아닌가?"

심한 증세의 전문이라…… 그랬다. 그건 디렉터 말이 맞다. 어차피 우리 병원 환자들의 증상은 너무 심해서 사회생활을 하지 못할 정도가 대부분이기는 하지만 그중에서도 유난히 심한 사람을 나는 많이 담당했다.

그렇게 된 데에는 나만 알고 있는 사연이 있었다. 증세가 심하면 심할수록 테라피스트는 편하게 일할 수 있다는 걸 내가 일찍 발견했기 때문이다. 그들은 단순해서 깊이 있는 주제로 들어갈 여지가 좁다.

주로 정신분열증의 강도가 심한 사람들은 '현재 상태 점검' 정도에서
일이 끝난다. 이들 때문에 바빠지는 사람은 오히려 정신과 의사들이다.

나는 그런 이유로 상태가 심한 사람을 많이 받았고 병원 동료들은 그
런 환자들을 주저하는 편이었다. 덕분에 나는 편하게 일했다. 생각해봐
라. 동료들이 환자 한 명에 한 시간씩 소비한다면, 나는 20분이면 충분
했다. 내 환자들은 딱히 깊이 있는 심리치료가 성립되기 힘든 사람이
많았으니 말이다. 어찌 보면 내 게으름과 잔머리의 산물이었다.

그런데 그게 '심한 증세 담당자'로 잘못 알려지게 됐으니 나름대로는
성공한 잔꾀였다. 하여튼 나는 집도 절도 없는 마가렛을 졸지에 책임지
게 됐다.

그녀의 상태는 너무도 말이 아니었다

마가렛을 처음 만났을 때 그녀의 상태는 말이 아니었다.

잘 걷지도 못했고 뜬금없이 벽에다 대고 소리를 질렀다. 위기관리센
터에서 처방해준 약조차 맞지 않아 식욕을 잃어버렸고 콜라만 줄기차
게 마셨다. 물은 메스꺼워서 마시지 못한다고 했다. 게다가 이가 너무
나 많이 상해 괴로워했고 당뇨병 증세도 심했다.

치사하게도 위기관리센터에서는 마치 기다렸다는 듯이 그녀를 쫓아
내버렸다. 다른 사람들의 안전도 생각해야 하니 폭력사태가 일어났을
때 그렇게 하는 게 자신들의 룰이라고 했다. 그래도 그렇지 달랑 그녀

를 병원에 떨어뜨려놓고 그런 식으로 일처리를 하다니.

화가 났다. 불만을 호소했지만 이제 담당자는 너니까 자기들은 손을 떼겠다는 말만 한다. 이걸 어쩐다? 저 상태로 마가렛을 또다시 길로 내보낸다면 죽을지도 모르는 일이었다.

그녀의 형제와 딸들에게 연락을 했지만 아무런 소득이 없었다. 보호소들도 마찬가지였다. 더군다나 어떤 보호소들은 이미 그녀를 알고 있거나 그녀가 거쳤던 곳이어서 단번에 거부했다. 또 그녀를 받아줄 만한 보호소는 이미 다른 노숙자들로 꽉 차 있어서 이름을 올려놓고 한참을 기다려야 한다는 대답을 들었다.

'일단 시간을 벌어야 한다.'

당장에 거처할 곳이 문제였다. 그때 아이디어가 떠올랐다. 우리 병원에도 위기관리센터 비슷하게 운영하는 집이 있었다. 그런데 그곳은 위기관리센터와 달리 병원 환자들 중에서 정신적인 증상이 심해진 이들만 열흘간 집중적으로 치료해주고 퇴원시키는 '메컬리프 하우스Maculiffe House' 라는 곳이었다.

담당자에게 사정을 말하자 그곳은 노숙자들이 기거하는 보호소가 아니라며 펄쩍 뛰었다. 나는 작전을 달리해서 설득을 했다. 지금 마가렛이 벽을 쳐다보며 이야기를 하고 있다고 말했다. 그랬더니 담당자는 그렇게까지 심하면 감금병원으로 보내야 한다는 말을 했다. 그러자 그 말을 스피커폰으로 들은 마가렛이 소리를 버럭 질렀다.

"나 입원 안 해!"

나중에 안 사실이지만, 혼자만의 자유를 즐기는 마가렛에게 감금병원은 가장 가기 싫은 장소였다. 어차피 그녀는 보험이고 뭐고 없었다. 감금병원에 보낼 만한 상황도 아니었다.

결국 담당자가 허락을 했고 마가렛은 열흘간 그곳에 머물 수 있었다. 환자를 처음 만나자마자 이런 정신없는 경험은 처음이었다.

'이걸 그냥, 길거리에 내보내버려?'

약간의 시간을 벌었지만 단 열흘뿐이었다. 난 줄기차게 그리고 필사적으로 수십 군데의 보호소 디렉터들과 논의를 했다. 그 와중에 D.C. 안에 '임시 보호소'라는 곳이 있다는 것을 알게 된 건 참 다행이었다.

임시 보호소의 시스템은 이러했다.

위기관리센터나 테라피스들에게 추천받은 편지를 가지고 노숙자들이 줄을 서면 선착순대로 받아주는 시스템이었다. 그러니까 저녁 5시 30분부터 문을 열기 훨씬 전에 줄을 서야만 그날의 잠자리가 해결될 수 있다. 그리고 아침 7시 30분까지 무조건 그곳을 나와야만 하는 번거로움도 있었다. 하지만 그게 어딘가.

주디라는 이름의 임시 보호소 디렉터는 마치 천사 같았다. 지금 상태에서 마가렛을 길거리에 내보낸다면 죽을지도 모를 거라는 나의 생각에 동의를 해줬다. 더군다나 겨울이었다. 주디는 무조건 자신의 임시 보호소에 기거해도 좋다고 허락해줬다. 매일 순서가 오지 않을까 떨며 줄을 서지 않고 그냥 들어와도 좋다는 특혜를 준 것이었다.

주디가 천사 같았던 또다른 이유는 알지도 못하는 마가렛을 위해서 정부에서 돈을 대주는 주거시설 프로그램과 연결되도록 최선을 다하겠다고 말했기 때문이다. 그곳에 노숙자가 얼마나 많은데, 주디가 나서서 정말 그렇게 해주리라고는 기대하지 않았지만 그 말이 너무나 고마웠다.

매컬리프 하우스에서 마가렛은 열흘을 지냈다. 그리고 그곳의 스태프와 함께 그녀는 나를 만났다. 두번째 보는 것이었지만 그녀 때문에 하도 골치를 썩어서인지 마치 오랫동안 봐왔던 사이처럼 친근했다.

나는 그녀에게 단단히 주의를 줬다. 이제부터 당신이 기거할 곳은 임시 보호소다. 그 장소를 구하느라 힘들었고 만약 그곳에서도 문제를 일으킨다면 당신은 갈 곳이 정말 없다고 말했다.

하지만 그녀는 마치 나의 말을 비웃기라도 하듯 이렇게 대답했다.

"어떻든 상관 안 해."

'이걸 그냥, 길거리에 내보내버려?'

때론 중매인이 되어야 한다

생각해보자. 거처할 곳이 없는 사람들에게 백날 정신치료 한다며 상담만 하면 얼마나 효과가 있겠는가. 배가 고프고 굶을 수밖에 없는 사람들에게 또 정신치료는 무슨 쓸모가 있는가.

그렇다고 해서 정신치료는 심적, 물적 여유가 있는 사람만 받을 수 있는 거냐며 극단적으로 나가진 말자. 나는 사무실에 앉아서 말로 하는 정신치료보다 때로는 다른 어떤 형태의 도움이야말로 진정한 정신치료가 될 수 있는 그러한 그룹이 존재한다는 말을 하는 것이다. 거기에 속하는 대표적인 이들이 노숙자다.

그렇다면 테라피스트가 그들에게 해줄 일은 무엇인가?

테라피스트는 연계coordination에 능해야 한다. 그래야 진정으로 그들을 도울 수 있다. 특히 노숙자에게는 연계가 치료다. 그들을 붙잡고 일주일에 한 번씩 상담을 하고 있는 테라피스트들을 보면 제발 그러지 말라고 충고하고 싶다(물론 나름대로 이유가 있을 것이다).

그럴 시간에 그들을 위해 차라리 다른 프로그램과의 연계에 시간을 쓴다면 얼마나 큰 효과를 볼 수 있는지 모른다. 그건 비단 노숙자들뿐만이 아니다. 일단 환자가 오면 그 환자에게 현실적으로 필요한 것을 해결해줄 제도나 프로그램은 없는지 생각해봐야 한다.

예를 들어 제시카 편에서 그녀의 빚 청산 과정을 이야기한 적이 있다. 어디에 연락해서 어떻게 이야기해야 할지에 대한 정보가 없었다면 힘든 일이었다.

자, 그럼 마가렛에게 필요한 건 뭘까? 너무나 명확하지 않은가? 그녀가 살아남기 위해 필요한 것은 의식주, 의료보험, 교통문제 해결 그리고 최소한의 돈이었다.

나도 처음부터 노숙자들을 순발력 있게 도울 수 있는 테라피스트는 아니었다. 많은 환자를 만나다보니 요령이 생기고 이 사람은 뭐가 더 필요한가에 대해 생각하게 됐다. 그래서 이것을 하면 이 사람에게 더 좋을 것이고, 어떻게 하면 나중에라도 정신치료의 준비가 될지에 대해서 알게 됐다.

이런 경험이 비단 이쪽에서 일하는 사람들만이 아니라 그들을 도와주려는 일반인에게도 도움이 됐으면 하는 생각에 이제부터 잘난 척을 좀 하겠다.

지난번에 미국의 복지제도에 대해서 설명했다.

마가렛을 보호소로 보내는 데 성공한 나는 마가렛에게 필요한 모든 복지 프로그램 신청서를 모았다. 병원에서는 이런 서류들을 찾는 데 어려움이 덜하다. 그럼에도 불구하고 서류를 하나하나씩 힘들게 신청하는 사람들이 있는데 그건 좋은 방법이 아니다.

그렇게 하면 금방 열정을 잃어버린다. 나는 모든 서류를 한꺼번에 모았다. 그렇게 모아놓고 보니 마치 논문의 두께만큼 두꺼웠다. 그리고 그 서류들을 작성하기 시작했다. 아무리 많은 분량이라도 이런 종류의 서류들은 비슷한 내용을 묻는다. 그래서 큰 서류 하나만 완성하면 나머지는 술술 풀린다. 조금씩 시간을 투자해서 3시간만 소비하면 모든 서류를 완성할 수 있다. 고작 3시간 안에 노숙자들의 인생이 달라질 수 있다는 말이다.

또 한 가지 중요한 게 있다. 서류작성을 마쳤으면 그 서류를 환자에게 알아서 하라고 줘버리면 안 된다. 그렇게 하면 힘들게 준비한 서류가 실종될 수 있다. 안전하게 우편으로 보내는 것까지 끝까지 책임을 져야 한다.

시간이 조금 지나자 신청한 프로그램들에서 하나둘씩 연락이 오기 시작했다. 복지 프로그램 하나가 마가렛의 인생에 끼어들 때마다 그녀의 상태가 좋아졌다. 그런 식으로 내가 그녀를 위해 신청했던 열 개의 프로그램 모두를 받게 하는 데 2년이 걸렸다. 어느 곳에서는 3주 만에 연락이 왔지만, 주거 프로그램은 장장 2년이 걸렸다.

사실 임시 보호소의 디렉터인 주디가 아니었으면 불가능할 뻔했던 일들이 꽤 된다. 많은 복지 프로그램이 혜택을 주기 전에 환자와의 직접 인터뷰를 원하기 때문이다. 그런데 마가렛은 통 인터뷰에 가려고 하는 의지가 없었다. 그 이유가 기가 막혔다. 피곤하고 귀찮다는 것이다.

이러한 마가렛을 주디가 끌고 가다시피 해서 인터뷰를 성사시켰다. 새로운 프로그램에서 연락이 올 때마다 주디는 매번 이런 수고를 해줬는데 내가 어쩔 줄 몰라하며 고마워할 때마다 이런 말로 위로(?)를 해줬다.

"마가렛이 너한테만 환자냐? 나는 그녀를 빨리 안전하게 쫓아내야 할 의무가 있는 보호소 책임자다."

임시 보호소엔 방이라는 것이 없다

드디어 마가렛이 정부아파트로 이사 가는 날 나는 처음으로 주디가 일하는 임시 보호소라는 곳을 방문했다.

그리고는 놀라서 입이 벌어졌다. 어찌 된 건지 이 보호소는 방이 하나도 없고 침대도 하나 없었다. 처음에 나는 잘못 찾아온 줄로 착각했다. 의아해하는 나에게 주디가 자세한 설명을 해줬다.

이곳 임시 보호소에는 방이라는 것이 없다. 저기 보이는 넓은 식당에서 노숙자들은 책상을 치우고 바닥에서 잔다. 그 말을 들은 나는 약간 충격을 받았다. 몸이 불편해서 잘 걷지도 못하는 마가렛이 저 날바닥에서 2년 동안 잠을 잤다는 생각을 하니 가슴이 짠해왔다.

주디는 내가 이미 이런 환경을 알고 있는 줄 알았고 마가렛은 2년 동안 이 보호소가 마냥 편하다고만 했었다. 내가 이미 알았다고 해도 달리 무슨 수를 쓸 수 있었으리라 생각지는 않는다. 이미 마가렛은 이곳저곳에서 쫓겨난 상태였는데, 어디서 주디 같은 사람을 만나 2년 동안 무사할 수 있었겠는가.

마가렛은 마지막으로 주디와 뜨거운 포옹을 했다. 그리고 고맙다는 말까지 했다. 나는 그 순간 이런 생각을 했다.

'엄청나게 빨리 치료됐네. 서운해할 줄도 알고 고마워할 줄도 알다니.'

해피엔딩? 천만에!

여기까지만 보면 해피엔딩이다.

하지만 인생은 드라마가 아니다. 드라마처럼 어떤 시점에서 결론이 난다면 얼마나 좋겠는가. 더군다나 삶의 긍정적인 전환점에서 말이다.

마가렛의 이야기는 또다시 이어진다.

그녀의 삶을 보면 노숙자들의 세계를 조금은 엿볼 수 있다. 나는 지금 그녀가 살았는지 죽었는지조차 모른다. 하지만 마가렛 덕분에 내가 그들에게 더 진심으로 다가갈 수 있게 된 건 확실하다.

　마가렛 전에도 노숙자들을 환자로 받은 적이 여러 번 있지만 그녀처럼 성격이 특이하고 모든 게 필요한 환자는 없었다. 그렇기 때문에 나는 그들의 세계에서 몸으로 부딪쳐야 했고 많은 걸 배워야 했다. 특히 앞에서 이야기했듯이 날바닥에서라도 잠잘 수 있는 걸 행복하게 생각하는 그곳의 노숙자들을 보면서 많은 것을 느꼈다.

　그곳 노숙자들에겐 활기가 있었고 늘 옹기종기 모여서 이야기를 하든지 게임을 하고 있었다. 주디 옆에 서 있는 나에게 다가와 악수하며 인사를 했고 자신의 이야기를 멈출 줄 몰랐다. 아마 그들의 생동감은 '안전함'과 동료들에 의한 '덜 외로움'에서 기인한 듯했다. 그녀 이후의 노숙자들에게 나는 마가렛을 치료하면서 얻은 수많은 정보를 유용하게 사용할 수 있었다.

또다시 사건을 터뜨리다

　마가렛은 안타깝게도 위에서 말한 '정상적일 수 있는 사람들'에는 들지 못 할 정도의 증상을 지니고 있었다. 가끔씩 괴팍했던 성격이야 이해 못 할 것도 없으나 그녀는 이런 일까지 벌였다.

　정부에서 제공하는 그녀의 아파트에 그녀의 딸 둘을 이사 오게 한 것이다.

　그리고 그녀의 딸들은 자신의 아이들을 데리고 왔다. 한 사람이 살아야 할 정부아파트에 10여 명이 기거하는 건 명백한 불법이었다. 열 명이 아니라 단 두 명이 살아도 그건 불법이다.

더 기가 막혔던 건 딸들이었다. 그녀의 아파트에 기거했던 두 딸 모두 멀쩡한 직장이 있었고, 그중 한 명은 새 차까지 구입했다. 그런데 통 그녀의 아파트에서 나가려고 하지 않았다.

마가렛은 닦달을 하는 나에게 이렇게 말했다.

"상관 마!"

그러던 중 주정부에서는 1년에 한두 번씩 감사를 나오는데 이게 딱 걸리고 만 것이다. 주정부에서는 한 달 정도의 시정기간을 줬고 시정이 되지 않으면 강제퇴거를 시키겠다고 했다. 엎친 데 덮친 격으로 마가렛은 먹어야 할 약까지 끊어버렸다.

점차 몸을 심하게 떨었고 혼자서 벽에다 소리를 지르거나 병원 문을 발로 쾅쾅 차는 사태까지 일어났다. 아무리 설득을 해도 통하지 않았고, 감금병원에 며칠 가 있으라고 하는 말에는 눈을 부라리며 대들었다. 하지만 그녀의 아파트에는 성인인 두 딸 말고도 어린아이들이 살고 있었다. 그들의 안전을 위해서라도 나는 빨리 결정을 내려야 했다.

마가렛이 병원에 오는 확실한 날 중에 하루를 디데이로 잡고 위기관리센터에 전화를 했다. 위기관리센터에서는 사회복지사 한 명과 건장한 남자 두 명이 큰 차를 타고 병원에 와 대기하고 있었다. 우리는 모여서 작전회의를 했다.

목표는 마가렛을 감금병원에 강제로 입원시키는 것이었다. 병원 안은 다른 환자가 많아 놀랄 수 있으니 내가 그녀를 정문 앞 주차장으로

유인하기로 했다. 그녀의 딸이 전화로 언제쯤 어머니와 병원에 도착할 것이라고 알려줬다. 물론 그녀의 딸도 모든 계획을 알고 있었다. 혹시 무슨 일이 일어날지 모르니 스태프들이 로비의 환자들을 다른 곳으로 이동시켰다.

드디어 도착한 그녀가 로비로 들어왔다. 나는 무슨 중요한 시험을 볼 때처럼 긴장이 됐고, 마른 목에 침을 삼켰다.

'젠장! 내가 그녀에게 이런 일을 하게 되다니.'

결국 그녀를 위한 일인데 마치 무슨 죄를 저지르는 기분이었다.

"안녕 마가렛. 오늘 기분이 좀 어때?"

"좋지 뭐."

그녀는 퉁명스럽게 대답했다.

"할 얘기가 있는데, 함께 걸을래요?"

나는 이렇게 말하고 그녀가 따라오든 말든 천천히 정문을 열고 밖으로 발걸음을 옮겼다. 뭔가 찔려서 도저히 뒤를 돌아볼 수가 없었다.

'제발! 따라와라 따라와.'

만약에 따라오지 않으면 병원 건물 안에서 소동을 벌여야 할지도 모를 일이었다. 다행히 약간 쭈뼛 하는 듯한 그녀의 절룩거리는 걸음소리가 뒤에서 들렸다.

그렇게 나와 그녀는 병원 밖으로 나왔다. 나의 역할은 거기까지였다. 곧 위기관리센터에서 온 사회복지사와 두 남자가 다가왔고, 나는 주차장 약간 깊숙한 곳으로 멀찍이 걸어갔다. 걸어가며 나는 속으로 여러 가지 생각을 했다. 오랫동안 좋은 관계를 유지했는데 오늘 일로 내게 커다란 배신감을 느끼거나 원망을 하지 않았으면 좋겠다는 마음이 간절했다.

떨어져 있어서 사회복지사가 그녀에게 무슨 말을 하고 있는지 들리진 않았지만 나는 정확한 내용을 알고 있었다.

"감금병원에 데려다주러 우리가 왔다. 테라피스트가 그냥 놔두면 위험하다고 하니 당신은 지금 선택의 여지가 없다. 얌전히 가지 않으면 우리는 강제로 데려가야 한다. 그러니 조용히 가자."

뭐, 이런 내용을 전달하는 게 그들의 의무다. 그런데 마가렛이 소리를 지르며 그들에게 욕지거리를 하기 시작했다. 그곳에서 함께 온 건장한 두 명의 남자가 마가렛의 양팔을 잡았다.

그 순간, 믿을 수 없는 일이 벌어졌다.

그 두 명의 건장한 남자가 나동그라진 것이었다. 그리고 그녀는 내가 서 있는 곳을 째려보고 있는 것이 아닌가. 순간, 오싹했다. 그런데 어디서 달려왔는지 경찰관 두 명이 갑자기 그녀에게 달려들었다.

경험 많은 사회복지사가 혹시 모를 경우를 대비해 경찰들까지 미리 대기시켜놨던 것이다. 그렇게 네 명이 달려들었지만 다시 그들은 나동그라졌다. 바닥에 넘어진 경찰관 한 명은 어찌된 건지 다시 일어나지도 못했다.

작전이고 뭐고 일은 다 그르쳤다. 이 소동에 건물 안의 환자들과 스태프들까지 나와서 구경을 하고 있었다.

그새 경찰들은 여덟 명으로 불어났고 마가렛은 더욱 거세게 반발하며 괴성을 질러댔다. 보기에 너무 안타까웠지만 할 수 없는 일이라고 생각하던 찰나, 동료 테라피스트 돈 박사님이 그 난장판에 접근을 하고 있는 것이 아닌가.

돈 박사님은 위에서 이야기했던, 노숙자를 변호사로 만드는 데 크게 일조했던 전설의 인물이었다. 그런데 그가 도대체 왜 그들에게 접근을 하고 있는 건지 이해할 수가 없었다. 나는 나도 모르게 그쪽으로 발걸음을 옮겼다. 돈 박사님을 보호하려는 것이 아니라 단지 그가 왜 그러나 하는 호기심 때문이었다.

바닥에 엉켜 있는 그들에게 다가간 돈 박사는 마가렛의 팔을 비틀고 있는 경찰관의 어깨를 툭 치며 이렇게 말했다.

"당신 내 환자를 다치게 하고 있어!"

그런데 경찰관의 반응은 더 가관이었다.

"당장 여기서 꺼져버려!"

여덟 명이 달려들어도 여자 한 명을 차로 옮기지 못하니, 게다가 부상까지 당했으니 경찰들은 화가 머리끝까지 난 듯했다.

그래도 내가 존경하는 분에게 욕지거리를 하다니…… 나는 그렇게 생각하면서도 격한 상황에 움찔해서 다시 주차장 깊숙한 곳으로 몸을 옮겼다.

한참 후에 마가렛은 힘이 빠졌고, 경찰들은 그녀에게 수갑을 채우는 데 성공했다. 결국 경찰관들에게 들려서 그녀는 큰 차로 옮겨졌다. 나와 눈이 마주친 그녀는 무섭게 째려보며 이렇게 말했다.

"뒈져라!"

어떻게 해서 내 마음이 이렇게 차가워졌는지 나는 크게 괴롭지 않았다. 단지 참 피곤한 날이라는 생각뿐이었다. 오히려 자신의 환자도 아닌데 돈 박사님이 괴로워하는 눈치였다.

다음날 나는 속으로 마가렛과의 인연도 이제는 끝났구나 하는 생각을 하고 있었다.

그때 마침 감금병원으로부터 전화 한 통을 받았다. 그곳 간호사가 마가렛을 바꿔주겠다는 것이다. 그리고는 마가렛의 목소리가 들렸다.

"어제는 미안했어요. 내가 제정신이 아니었어요."

정말 반갑고 고마웠다. 마가렛은 오랫동안 치료를 받고 나오겠다고 했다. 그녀가 그렇게 말하지 않아도 이번에는 한 6개월 정도 그곳에서 치료를 받아야 했다.

문제는 그녀가 살던 아파트였다. 정부아파트에서는 1개월간의 여유를 주면서 마가렛 이외의 다른 사람들이 이사를 가지 않으면 마가렛까지 포함해서 강제퇴거 조치를 하겠다고 했는데, 그녀가 아예 6개월을 감금병원에서 치료받게 생겼으니 일이 복잡하게 꼬여버린 것이다.

그녀의 아파트 문제가 어떻게 진행됐는지에 대해 여기서 자세히 설명할 필요는 없을 것 같다. 결론만 말하면, 나름대로 최선을 다했지만 아파트는 도저히 지켜줄 수 없었다. 대신 그녀가 나오면 다른 정부아파트에 우선권을 주겠다는 확약까지는 받을 수 있었다.

그녀의 퇴원과 실종

6개월 정도가 지났다.

퇴원을 했을 때 다시 그녀는 갈 곳이 없었다. 그래도 예전의 노숙자 시절과는 다른 점이 있었다. 주소를 병원으로 해서 한 달에 한 번씩 생활할 수 있는 돈이 나왔고, 다른 모든 혜택도 받고 있었다. 거주지 문제만 제외하고.

그런데 또다시 문제가 생겼다. 보호소로는 다시는 돌아가지 않겠다고 생고집을 부리기 시작한 것이다. 자신은 형제도 많고 딸도 많으니 하룻밤씩만 돌아가며 생활해도 충분하다는 것이다.

다른 정부아파트의 우선권을 주겠다고 했으니 할 수 없이 그때까지만 그런 식으로 버틸 수밖에 없었다. 그녀의 형제들도 짧은 기간이라면 기꺼이 협력하겠노라고 했다. 그렇게 그녀는 형제들의 집으로 유랑을 다니기 시작했다.

그런데 그녀의 유랑은 한 달도 지나지 않아 끝나버렸다. 처음에는 형제들이 서로 오늘은 누군가의 집에 있겠지 하는 식으로 생각했다. 하지만 누구의 집에도 그녀가 있지 않다는 걸 알기까지는 오랜 시간이 걸리지 않았다. 병원의 여러 프로그램이나 나와의 예약시간에 나타나지 않아 혹시나 하고 전화를 하는 과정에서 그녀의 실종을 알게 된 것이었다.

이곳저곳 전화도 해봤고 신고도 했다. 그러나 어디로 갔는지 찾을 수가 없었다.

그녀의 형제와 딸들의 반응은 놀라웠다.

"마가렛은 어릴 때부터 무책임한 여자였지. 지금도 봐요. 죽어라 살게 해줬지만 결국 또 다 포기하고 사라졌잖아요. 때가 되면 또 나타나겠지. 신경 안 써요."

그녀 언니의 말이었다.

그녀의 말이 틀리지는 않았다.

앞서 이야기했지만 얼마나 여러 가지 노력을 기울여 마가렛의 의식주를 해결해주었던가. 그런데 그녀는 무책임함으로 자신의 살 곳을 잃었고 이제는 아예 어디론가 사라져버리지 않았는가. 힘들게 얻어준 다른 복지 프로그램들도 이젠 모두 취소될 판이었다.

예를 들어서 그녀가 한 달에 한 번씩 받던 6백 불의 돈도 일정기간 수령해가지 않으면 취소가 된다. 푸드 스탬프라고 해서 음식쇼핑을 하라고 나오던 1백 불도 사용하지 않으면 취소된다. 아니, 지금은 실제로 취소된 것으로 알고 있다.

"그녀도 이렇게 아팠구나"

무책임인가, 병인가?

이것을 이해해주면 노숙자들을 좀더 받아들일 수 있지 않을까? 정상인이라면 무책임이라는 개념이 성립된다. 하지만 그들 중 많은 사람은 심한 정신병을 앓고 있다.

그리고 또 많은 노숙자는 무책임하고 게을러서 그런 생활을 하고 있는 게 아니라 정신병과 돌봐줄 사람이 없는 환경으로 그렇게 된 경우가 많다.

갑자기 어떤 한국 노인이 들려준 특공대 시절 훈련 얘기가 생각난다. 어떤 특공대인지 그리고 사실인지조차 알지 못하지만 그래도 인상 깊은 내용이 있었다.

예전에 군대에서 특공훈련을 하는데 약 열흘간 칼 하나만 주고 산에다가 그를 떨어뜨려놓았다. 처음에는 먹을 것도 없고 씻을 수도 없어서 굶주리고 힘들었는데, 한 사흘 정도 굶주리다보니 뭐든 다 먹을 수 있을 것 같다는 생각이 들었다.

그리고는 산에 있는 풀이며 나무뿌리를 캐서 먹기 시작했고, 뱀이라도 발견하는 날이면 포식을 했다. 불도 필요 없이 그냥 날로 아주 맛있게 뱀을 잡아먹었다. 그렇게 한 일주일 정도 생활하자 모든 게 다 귀찮아지더라고 했다. 그냥 누워서 한참 자다가 배고프면 산에서 이것저것 먹고 또 잠자고, 천국이 따로 없었다고 했다.

더욱이 노숙자들의 무대는 특공대가 훈련을 하는 산이 아니라 도시다. 우리가 보기에 더러울 것 같은 음식도 배가 고픈 그들은 얼마든지 먹을 수 있다. 그들이 쓰레기통을 뒤지는 건 워싱턴지역에서 흔하게 볼 수 있다.

또 그들은 잠을 많이 잔다. 공원의 벤치에서 혹은 잔디나 유원지 건물 구석에서 대낮에 잠자는 그들을 무더기로 볼 수 있다.

마가렛은 내가 그들을 이해하는 분기점이었다.

그녀를 만나기 전에는 그저 사무적으로 대했다. 그들의 세계에 대해서 별 관심이 없었고 뭘 이해해야 하는지 생각해본 적도 없다. 하지만 그녀를 치료한 경험 덕에 좀더 익숙하게 더 많은 노숙자를 효율적으로 돌볼 수 있었다.

특히 그녀처럼 무책임하다고 여겨지는 행동들을 그들이 수없이 되풀이할 때마다 나는 마가렛을 생각하며 이렇게 말할 수 있게 됐다.

"그녀도 이렇게 아팠구나."

지금까지 길게 노숙자 이야기를 했다. 그들을 도와주는 사람이 많으면 좋겠지만 사실 내가 원하는 건 그런 게 아니다. 혹시나 그들을 마음으로 멸시하고 무시하며 게을러서 그리 됐다는 생각은 말자는 것이다.

그들의 대부분은 치료를 받아야 할 환자다.

'한심하다' 대신 '많이 아프구나'라고 생각해주는 사람이 많을수록, 그들의 추위는 많이 줄어들지 않을까?

남자들이 알아야 할 세 가지

남자보다 여자들의 우울증이 세 배 정도는 높은 것 같다. 이건 순전히 몸이 다르기 때문이다. 제일 먼저 머릿속을 들여다보면 사람의 기분을 맞춰주는 세로토닌이라는 화학요소가 여자들의 경우 훨씬 적다.

그건 차치하고라도 남자들이 반드시 알아야 할 세 가지가 있다.

생리, 산후, 폐경기.

다 안다고 우기고 싶은 남자들은 그냥 복습하는 맘으로 읽어주기 바란다. 생리, 산후, 폐경기의 공통점은 여자 몸속에서 심한 호르몬 변화가 일어난다는 것이다.

생리

생리 때마다 짜증이 나고 우울해지는 여자가 많다.

연인이나 젊은 부부는 이때 많이 싸운다. 사람은 짜증이 날 때 가장 만만하고 친근한 사람에게 풀기 마련이다(그렇지 않은 성격 좋은 사람도 많다). 그런데 이걸 받아주지 못하고 함께 짜증내면, 여자들은 다음 생리 때 더 의기소침해지고 우울해지기도 한다.

반대로 남자들이 함께 짜증부리지 않고 그때를 잘 넘겨주면 지나고 나서 여자들은 참 고마워한다.

산후

10개월 동안 아이를 뱃속에서 키우고 그 아이를 힘들게 낳았을 때 얼마나 많은 호르몬과 힘이 빠지는지 상상할 필요조차 없다.

몸속의 균형 잡히지 않은 호르몬의 레벨로 여자들은 심한 우울증에 빠지는 경우가 많다. 충분한 영양을 섭취하고 무사히 균형이 맞춰질 때까지만 참아주면 되는데 여기서 또 남자들이 문제가 된다.

이때 여자들이 겪는 산후 우울증이라는 건 생리 우울증에 비할 바가 아닐 만큼 심하다. 이때 남자들이 함께 짜증부리고 받아주지 못하면, 오랜 시간이 지나도 없어지지 않는 만성 우울증으로 발전할 수 있다. 그런데 아이가 생기면 남자도 힘들다. 그래도 산후 우울증이라는 말을 생각하면서 잘 견뎌내는 남자가 많아졌으면 한다.

좀더 이야기하면 요즘에는 '산후 우울 강박증'이라는 개념도 생겼다. 이것은 우울한 상태에서 반복적으로 부정적인 일과 사람이 생각나는 것을 말한다. 산후 우울 강박증이 심해서 제정신이 아닐 때 자신의 아이들에게 끔찍한 일을 저질렀던 경우를 여러 번 들었다. 배우자의 참을성과 이해, 사랑이 절실하게 요구되는 중요한 때다.

폐경기

폐경기 우울증은 산후 우울증과는 상대도 되지 않을 만큼 심할 수 있다.

개인마다 폐경기는 차이가 있어 정확이 언제라고 말할 순 없지만, 요즘에는 빠르면 40대 후반이고 늦으면 환갑이 다 돼서 온다.

이때 가슴이 뛰고 땀이 나고 답답해하면서도 금방 넘기는 사람이 있는가 하면, 폐경기 우울증으로 들어가는 사람도 많다. 폐경기 우울증을 앓고 있는 이들의 특징은 과대망상증 증세가 있다는 것과, 식구들을 무척 괴롭힌다는 것이다.

내가 알고 지내는 의사 사무실의 여직원 두 명은, 의사 사모님의 과대망상증에 시달리다가 사표를 냈다. 매일 전화해서 욕하고, 소리 지르고, 모욕을 주니, 웬만해선 견뎌내기 힘들었을 것이다. 더군다나 남인데 말이다. 폐경기 우울증은 길면 2년까지도 갈 수 있으니, 이때 식구들의 곤욕은 이루 말할 수 없다. 특히 남편의 고생이 큰데 이걸 알지 못하는 남자들은 이혼을 하기도 한다.

힘들지만 잘 보듬어주고 참고 사랑해준다면 훨씬 빨리 넘긴다. 폐경기 우울증을 오래 앓고 있던 내 환자는 남편을 이유 없이 의심하면서 '그 여자가 누구냐'는 문제로 매일 밤 싸웠는데, 참지 못한 남편이 결국 집을 나갔다. 환자가 동의를 해주지 않아 아직 법적인 이혼 상태는 아니지만, 남편에 대한 충격과 죄의식까지 치료하는 데 아주 오랜 시간이 걸릴 것 같다.

여자는 고통을 겪느라 괴롭고, 남자는 그 고통을 감당하느라 괴롭다. 둘 다 고통스럽지만 아무래도 직접 겪는 사람만큼 힘들까. 그러니 남자들이 좀더 참고 감싸주자.

제임스의 강박증

나는 하루에 여섯 명에서 많게는 열 명의 환자를 만난다. 개인 사무실에 오는 클라이언트들의 예약이 있는 날이면 밤 10시가 넘어서 일이 끝나기도 한다. 하지만 의사들의 스케줄을 보면 나의 스케줄은 바쁜 것도 아니다. 함께 일하는 한 의사는 하루에 20명의 환자를 감당할 때도 있다.

환자와의 상담만큼이나 많은 시간을 필요로 하는 일은 기록을 하는 것이다. 환자의 치료 과정, 치료 계획은 물론 진전 상황과 환자의 변화 등 기록해야 할 게 끝도 없다.

강박증 동료 테라피스트

대부분의 의사와 테라피스트는 자신들만의 방식과 시간배분으로 필요한 서류들을 제때에 완성한다. 하지만 단 한 사람의 예외자가 있었다.

러레인은 한 번도 제때에 서류를 제출하지 못했고 퇴근시간이 한참 지날 때까지 자신의 사무실에 앉아 서류와 씨름을 했다. 그렇다고 나이가 많아 느린 것도 아니다. 동료 중에서는 두번째로 어린 테라피스트였다.

어느 날 러레인의 환자를 내가 대신 봐야 할 일이 생겨서 그동안 그녀가 작성해놓았던 서류들을 읽은 적이 있다.

놀라서 입이 벌어질 지경이었다. 보통 두세 문단이면 끝내는 일일상담기록을 한 명에 무려 다섯 장씩 써놓은 게 아닌가. 하루에 여섯 명의 환자를 만났다고 하면 그녀의 노트는 무려 30장이나 된다.

노트의 내용들은 너무나 자세하고 훌륭했지만 일일이 읽을 순 없었다. 그녀가 구비해놓은 다른 종류의 노트들까지 합하면 그야말로 엄청난 분량이었다.

나는 그제야 왜 그녀가 매일 퇴근시간 후에도 남아서 힘들어했는지 알 수 있었다. 그리고 그런 식으로 얼마나 견딜지도 의문이었다. 무엇보다도 그녀가 왜 그러한 습관이 들었는지 궁금했지만, 그런 걸 물어볼 만큼 친한 사이가 아니었다. 그냥 나 혼자 강박증이라는 단어만을 되뇔 뿐이었다.

어느 날 갑자기 그녀가 회사를 떠난다는 말을 들었다. 다른 병원에서 파트타임으로 일하기로 했고 자신의 개인 사무실에서 환자들을 더 받을 계획이라고 했다. 떠나기 2주 전까지도 그녀는 날마다 밤을 새우며 자신이 써놓은 파일들을 처음부터 다시 리뷰했다. 어찌 보면 굉장한 책임감이었지만 나는 그 모습이 비정상으로 보였다.

그녀가 떠난 후, 그녀가 담당했던 환자 50여 명이 다른 동료와 새로 고용된 테라피스트에게로 뿔뿔이 흩어졌다. 나에게는 다섯 명이 왔다. 그중 한 명이 제임스였다.

강박증 테라피스트가 남기고 간 강박적 성격장애 환자

마흔여덟의 독신 백인 남성인 제임스는 러레인이 떠나는 걸 누구보 다도 힘들어했다. 러레인만큼 자신을 이해해줄 수 있는 테라피스트가 아마도 없을 거라고 했다.

그 이유는 러레인도 자신처럼 강박증으로 고생하고 있었고, 그런 만 큼 그녀의 한마디 한마디는 진심으로 위로가 되고 힘이 됐다고 했다. 그래서 그녀가 옮기는 직장으로 따라가려 했으나 그녀가 거절하는 바 람에 남아 나를 보게 됐던 것이다.

제임스의 증상은 그가 고등학교 때 찾아온 공황발작Panic Attack에서 시 작한다.

어느 날 여느 때처럼 아무 일 없이 수업을 듣고 있었는데 갑자기 심장 이 뛰고 식은땀이 흐르기 시작했다. 몸은 손가락 하나 움직일 수 없을 정 도로 굳어버렸고 숨조차 쉴 수가 없었다. '내가 이렇게 죽는구나' 하는 생각이 들자 몰려오는 두려움은 이루 말할 수 없었다. 보통 사람들이 잠 을 자다가 종종 가위눌린다고 하는 것이 아마 공황발작의 경험과 비슷하 지 않을까 한다. 하지만 공황발작의 경험은 가위눌림보다 더 공포스럽다.

제임스는 이후에도 종종 공황발작을 경험했고, 그럴 때마다 더욱 필사적으로 '안전한 곳'에 의지했다. 그 안전한 곳이란 바로 그의 부모님이었다. 그는 성인이 되고 불혹을 훨씬 넘긴 나이가 돼서도 부모님과 떨어져 지낼 수 없었다.

그런데 그의 안전한 곳에 얼마 전 커다란 문제가 발생했다. 그의 부모님이 번갈아가며 병원에 입원했던 것이다. 어머니는 여든 살이고 아버지는 여든여섯 살이다. 평생 의지하던 부모님이 자신보다 먼저 세상을 떠날 수도 있다는 생각이 현실로 다가오자 그는 무서웠고 힘들었다.

잠재의식 속의 방어기제가 행동으로 나타나기 시작했다. 그가 자신을 보호하기 위해 선택한 방어기제는 바로 술이었다. 그는 매일 잠자기 전, 와인 석 잔과 맥주 두 병을 마셨다. 스트레스가 많은 날은 더 많은 술을 마시기도 했지만 와인 석 잔과 맥주 두 병이라는 숫자는 거의 매일 지키며 마셨다. 그래야 긴장이 풀어지고 제대로 잠을 잘 수 있었다. 담배도 피웠는데 일반 담배보다 독한 시가를 줄담배처럼 피웠다.

그런데 무엇보다도 그를 괴롭히는 부정적 방어기제는 강박증이었다. 그의 기억으로는 고등학교 때 처음 공황발작을 경험한 이후로 강박증이 생겼는데, 하루하루의 긴장과 고통을 감소시키기 위해 안전함이라는 단어에 집착하기 시작했고, 주변의 모든 사소한 것을 반복해서 확인하는 버릇이 생겼다. 언제부턴가는 그렇게 다섯 번을 확인해야 긴장이 감소됐다. 다섯 번이라는 숫자를 채우지 못하면 긴장은 더 커졌고, 그래서 더욱 거기에 집착하게 됐다.

그의 강박증이 얼마나 심한지 예를 하나 들어보겠다.

그는 나와의 예약시간에 오기 위해 집에서 자신의 차를 몰고 일찍 출발한다. 병원으로 오는 도중 그는 어떤 차를 발견한다. 그리고 그 차의 표지판을 읽는다. 잠시 후 그는 유턴을 해서 방금 그 차를 따라간다. 그리고 자신이 읽었던 그 표지판의 번호가 맞는 것인지 확인을 한다. 이런 식으로 그는 다섯 번을 확인한 다음 다시 나와의 예약시간을 위해 병원 방향으로 운전한다. 그러다가 그는 또다른 차를 따라가기 시작한다. 그런데 그런 행동은 차에만 국한된 것이 아니다. 길에 서 있는 표지판, 가게 이름, 걸어가는 사람의 얼굴에 있는 주름 등등 수없이 확인을 하다가 나와의 예약시간에는 항상 늦어버린다.

강박적 성격장애의 원인

우리는 방어기제라는 말에 익숙해져야 한다. 내 생각에 인간의 행동은 이 방어기제라는 개념으로 대부분 설명될 수 있다.

프로이트가 말한 교과서적인 방어기제를 외울 필요는 없다. 그저 우리는 우리의 삶에서 일어나는 일들에 대해서 상식적으로 그리고 냉정하게 사람을 이해하려고 노력하면 된다.

제임스의 주요 증상들을 나열해보자.

- 공황발작

- 부모님에 대한 지나친 의존

- 술과 담배 의존 현상

- 강박증

위에서 이미 언급했지만 방어기제라는 측면에서 그의 행동들을 다시 한번 정리해보자.

처음에 공황발작이 일어났고 그는 자신을 방어하기 위해 제일 안전한 곳, 즉 부모님에게 필사적으로 의존한다. 노쇠한 부모님이 세상을 떠날 것이라는 불안이 현실로 느껴지기 시작했을 때 그는 공포심을 억제하기 위해 술과 담배에 의존하면서 자신을 방어한다.

첫번째 공황발작이 일어나고 30년이 넘는 동안 제임스는 자신의 안전을 위해 주변의 모든 것을 반복적으로 확인하는 버릇이 생겼고, 그 버릇은 삶의 여러 가지 부분으로 확대돼서 하루하루 엄청난 불편을 주는 강박증으로 자리 잡는다. 사실 그의 술과 담배 의존 현상도 강박증에서 기인한 점이 컸다고 보인다.

나는 회사를 떠난 러레인이 그를 어떤 식으로 치료했었는지 궁금했다. 특히 러레인 자신도 당시까지는 극복하지 못했던 강박증에 대해서 제임스에게 뭐라고 이야기했는지 궁금했다. 그녀의 강박증 덕에 자료는 충분히 그리고 자세히 구비돼 있었다.

한참을 그녀가 남겨놓은 자료들을 읽은 뒤 나는 그녀가 제임스를 치료하려 시도한 적이 없었다는 결론을 내렸다. 그저 줄기차게 듣기만 했고, 함께 문제를 공유하는 게 다였다. 그런데 어찌 보면 그렇게 이해하고 듣는 것 자체가 좋은 치료이기도 하다.

5에서 3으로

나도 처음에 약 두 달간은 그의 이야기를 열심히 듣기만 했다. 무언가를 시도하기 전에 제임스가 나를 신뢰하도록 하는 게 중요했기 때문이다. 더군다나 러레인에게 그런 식으로 익숙해져 있던 터라 내가 뭐라도 시도할라치면 십중팔구는 부정적인 반응을 보일 것 같았다. 그래서 신뢰를 쌓는 시간은 좀더 길어야 했다.

다행히 제임스는 나에게 모든 이야기를 아주 편하게 할 수 있을 만큼 신뢰를 끌어올렸다. 거기까지 일주일에 한 세션씩 두 달 정도가 걸렸다.

나는 제임스에게 '3'이라는 숫자를 강조하기 시작했다.

매주 올 때마다 귀에 못이 박히도록 3이라는 숫자를 이야기했고 그가 자신에게 3을 주문같이 외우도록 했다. 물론 그렇게 하는 이유를 설명했고 동의를 얻었기 때문에(설명과 동의는 치료에서 상당히 중요하다) 거침없이 그렇게 할 수 있었다.

그러자 어느 날부터 그에게 변화가 보이기 시작했다. 오랫동안 집착하고 반복하게 했던 5라는 숫자에 혼란이 일어난 것이다.

어느 날 떨리는 목소리로 제임스는 이렇게 말했다.

"오늘은 여기 오는데 세 번밖에 표지판을 확인하지 않았어요. 그런데 뭔가 찜찜하고 걱정이 돼요."

그런데 그 다음주에 그가 왔을 때는 이런 말을 했다.

"지금은 5라는 숫자보다 3이 더 편해요. 알고 보니 3이라는 숫자가 내게 더 맞는 숫자였나 봐요."

나는 그에게 3이 더 맞는 숫자여서 편한 게 아니라 사물에 대한 반복의 횟수가 줄어들어서 편한 거라고 설명했다. 그리고 강박증은 생각하기에 따라서는 고치기 쉬운 병일 수 있다고 알려줬다. 그 증거로 수십 년 동안 간직해오던 5라는 숫자를 단지 몇 주일 만에 3으로 대체하지 않았느냐고도 이야기했다. 며칠만 자신의 습관을 포기하고 몰려오는 불안감을 잠시 동안 감당하기만 하면, 5에서 3으로 대체되던 과정처럼 쉽게 극복할 수도 있다는 말을 했다.

새로 시작하다

제임스는 뭔가를 느끼는 눈치였다. 그 순간을 놓치지 않고 나는 그에게 이런 말을 했다.

"내가 시키는 대로 앞으로 시도해보겠다는 약속을 해줄 수 있어요? 실패도 하겠지만 그것도 치료의 한 과정으로 이해하면 돼요. 그러니 두려워 말고요."

제임스는 잠시 생각을 하더니 12월 7일부터 하겠다고 했다. 12월 7일은 자신이 처음 공황발작을 경험한 날이니 나름대로 커다란 의미가 있는 날이라는 것이다.

"지금은 5라는 숫자보다 3이 더 편해요.
알고 보니 3이라는 숫자가 내게 더 맞는 숫자였나 봐요."

놀랍게도 그는 이날부터 술을 끊었다. 원래의 내 계획은 습관적인 생활 속의 강박증을 조금씩 줄여나가는 것이었지만, 술을 끊겠다고 결심한 건 생각지도 못했던 큰 성과였다. 그에게는 숫자 3이 나름대로 충격이었고 동기유발이 됐던 것이다. 하지만 대부분의 알코올중독성 환자가 그렇듯이 나는 제임스가 오래가지 못할 거라고 생각했다. 그럼에도 불구하고 이것은 좋은 시작이었다.

그는 술을 끊었을 때 불안함에 무척 시달렸다.

그는 자신에 대한, 공황발작에 대한 그리고 부모님의 연로함에 대한 불안을 감싸기 위해 강박적으로 술을 마셨는데 그걸 끊었으니 하루하루 어찌할 바를 몰라했다. 거기다가 몸에 인이 박혀버린 알코올에 대한 갈망까지 그를 괴롭혔다.

어느 날은 너무 힘들어서 죽고 싶다고도 했다. 감금병원에 들어가 이 시기를 넘겨보겠느냐는 제안을 했더니 싫다고 했다. 자유롭지 않은 그곳은 너무 무섭다고 했다. 그는 여러 가지로 참 겁이 많은 사람이었다. 하지만 그의 과거 경험들을 보건대 충분히 그럴 만했다.

12월 26일, 제임스는 다시 술을 마시기 시작했다. 신경이 예민해져 있던 차에 아버지와 언쟁을 했고 홧김에 술을 다시 마시게 됐다고 했다. 그리고 자신에 대한 실망감을 표현했다.

그래도 20일 동안 성공했던 게 어디냐는 식으로 위로했다. 난 진심으로 그렇게 생각했다. 감금병원도 아니고, 혼자서 처음 시도했는데 20일 동안 술을 입에 대지 않았으니 희망이 보인다.

다시 1월 1일을 금주를 시작하는 날로 잡고 목표를 좀더 현실화했다. 이번에는 그의 부모님과 통화해서 가족의 협조를 부탁하려 했지만 두 분 모두 귀가 잘 들리지 않아 의사소통이 되지 않았다.

할 수 없이 제임스의 동의 하에 떨어져 사는 그의 누나와 통화해 협조를 부탁했더니 흔쾌히 승낙했다. 1월 1일부터 그의 누나는 최소한 일주일에 세 번씩 방문해 그를 감시하겠노라고 했다. 나는 제임스의 누나에게 무슨 일이 있어도 실망하지 말 것과 어떤 상황에서든 지속성 있는 관심이 중요하다고 강조했다. 물론 잘 알겠다고 했다.

금주에 성공할 수 있을까

지금 제임스는 금주를 하고 있는 중이다. 만약에 20일을 넘기고 다시 술을 마신다면 지난번보다 성공했다고 칭찬해줄 참이다. 하지만 진정한 성공이 중요하다. 다시 마시게 되는 건 진정한 성공이라고 할 수 없다.

필요한 약물치료도 좀더 근접해서 하게 된다. 그를 한 달에 한 번 만나던 의사가 그에 대한 진료를 두 번으로 늘렸다. 그는 '익명의 알코올중독자 모임Alcoholic Anonymous'에 나가서 함께 고생하는 사람들과 서로 경험과 감정을 공유하게 될 것이다. 병원 내에 있는 그룹치료 프로그램에도 이미 연결해놓았다. 무엇보다 본인의 의지가 있다는 게 제일 중요하다. 왠지 제임스는 꼭 성공할 것 같다.

다른 한편으로 술 이외의 다른 반복되는 강박적 행동들에 대한 모니터링도 게을리 하지 않을 참이다. 앞에서 설명했지만 5라고 하는 그의 강박적인 숫자를 3으로 바꾸는 데 성공했다. 그의 반복적인 행동들도 다섯 번에서 세 번으로 바뀌었다. 새해부터는 2라는 숫자를 가지고 그를 귀찮게 할 계획이다.

나의 치료 경험으로 볼 때 2라는 숫자는 정말 힘들 것이다. 항상 처음에는 숫자를 어렵지 않게 줄여주는 데 성공하지만 더 줄이라고 하면 환자들이 반항을 한다. 하지만 계획대로라면 새해의 언제가는 성공할 것이다.

올해 말쯤이 될지 내년이 될지는 모르겠지만, 그 다음 계획은 횟수의 무의미함을 인식시켜주는 일이다. 머리로야 그게 무의미하다는 걸 제임스도 알고 있지만, 몸으로 체험하고 습득해서 불편하지 않다는 걸 아는 게 진정한 인식이다.

강박증과 강박적 성격장애

앞에서 강박증과 강박적 성격장애에 대해 짧게 설명한 적이 있다. 이렇게 말했었다.

"전문가들도 가끔 헷갈려하는 개념이 강박증과 강박적 성격장애다. 강박증은 멈출 수 없는 반복적인 생각과 행동으로 대표되는 증상이고, 강박적 성격장애는 완벽성 추구로 대표되는 증상이다. 강박적 성격장애에 해당하는 사람들은 너무나 완벽함에 몰두하기 때문에 결국 주어진 일을 제대로 마치지 못하는 경우가 많다. 제대로 마치지도 못하면서 이 사람들은 일중독에 빠져 있는 경우가 많다. 완벽함 때문에 아예 아무것도 제대로 할 수 없는 사람들의 비효율성과 좌절감은 이루 말할 수 없다."

처음에 이야기했던 병원동료 러레인의 증상은 강박적 성격장애에 해당하고, 제임스의 증상은 강박증에 속한다.

그런데 이 두 가지를 명확히 구별하는 전문가라 할지라도 두 가지를 혼합하여 강박증에 포함시키고 같은 증상으로 간주하려는 경향이 있는 것 같다. 그래서 많은 전문가는 신문이나 TV 등에서 강박증을 말할 때 강박적 성격장애까지 포함시키곤 한다.

우리 주변에는 강박증을 갖고 있는 사람이 아주 많다. 당신도 예외일 수 없을 것이다. 물론 내게 반복적인 습관이 있다고 해서 쉽게 강박증이라는 병으로 판명할 수 있는 것은 아니다. '병'적이어야 하고 그 병적인 습관이 내 하루하루의 삶을 크게 힘들게 할 정도가 돼야 한다.

어린아이들과 십대들의 강박증 또한 얼마나 심각한지 모른다. 그들은 그게 뭔지도 모르고 말도 못 하고 고생을 한다. 치료는 빠를수록 좋다. 내 아이가 지금까지 말했던 현상에 해당되는 것 같으면 주저하지 말고 전문가를 찾기 바란다.

우울함과 우울증의 차이

우울한 상태와 우울증의 차이점, 한마디로 정의하자면 2주 미만과 2주 이상의 차이다. 지금부터 이야기할 증상 중에서 6개 이상의 증상이 2주 이상 가면 임상적인 우울증 상태로 의심한다.

우울증 의심 증상들

- 기분이 울적하다.
- 쓸데없이 온갖 일에 잔걱정이 많아졌다.
- 먹고 싶은 음식이 없고 식욕이 많이 떨어졌다.
- 세수하고 밥 먹는 일도 귀찮다.
- 미래에 좋은 일이 있을 거라는 생각이 전혀 안 든다.
- 잠들기 힘들고, 잠들어도 숙면을 취하지 못한다.
- 남들이 재미있다 하는 것에도 나는 재미나 흥미를 전혀 느끼지 못한다.
- 평상시 늘 하던 일도 몸이 무겁고 처지면서 제대로 해내기 힘들다.
- 옛날 생각이 많이 나면서 후회, 원망, 서운함이 자꾸 떠오른다.
- 나는 참 보잘것없는 사람이란 생각이 들고 자신감이 없다.

- 머리가 잘 안 돌아가고 집중력, 기억력, 판단력 등이 떨어졌다.
- 죽고 싶다, 죽는 게 낫지 않을까 하는 생각이나 자살충동이 들기도 한다.

우울증 상태로 의심되면 주저 말고 상담을 시작하는 게 좋다. 좀더 시간이 지나서 저절로 나아지는 경우도 있지만, 그렇지 못한 사람은 나중에 주체하기 힘들 정도로 심한 우울증으로 발전할 수 있다. 증상이 2주 이상 지나고 평생 그 우울증이 낫지 않는다면 어쩌겠는가.

웬만하면 테라피스트한테 먼저 가는 걸 권하고 싶다. 내가 본 의사들은 굳이 약이 필요 없을 것 같은데도 약으로 해결하려는 경향이 있다(의사니까 약으로 해결하려는 것이 당연할 수도 있겠다).

정신과 약이 부작용이 크다는 건 아니다. 가장 흔한 SSRI(선택적 세로토닌 재흡수 억제제) 계열의 약도 부작용이 관찰되기는 하지만, 예전 약에 비하면 신비하다고 할 수 있을 만큼 좋아졌다. 프로젝, 셀렉사, 졸로프 등이 여기에 속하는데 약에 대한 의존성과 부작용이 무척 적고 효과가 짧은 기간에 눈에 띄게 나타나는 엄청나게 진일보한 약들이다. 내가 아무리 약 없이 치료하려하는 테라피스트라고 해도 약이 좋아져서 약물치료와 심리치료를 병행할 때 치료효과가 더 좋다는, 일반적으로 교과서적 내용으로 받아들여지는 것을 부인할 순 없다. 일단 약을 먹기 시작했으면 의사를 완전히 신뢰하라는 말을 하고 싶다. 내가 한국의 시스템을 자세히 몰라 도움을 주는 데 한계가 있음을 양해해줬으면 한다.

자신을 사랑하지 않는 남자, 카일

내 직업이 정신건강 테라피스트라고 하면 초면인 사람들은 대부분 이렇게 질문한다.

"상처 있는 사람들의 이야기를 매일 듣고 있으면 스트레스 받지 않아요?"

대답은 "아니요"다.

나는 상담시간에 스트레스를 받아본 적이 거의 없다. 때때로 한 시간 동안 화를 내거나 소리를 지르는 환자도 있지만 귀가 멍멍할지언정 짜증이 나지는 않는다. 아무래도 직업의식이 테라피스트로서의 나를 성숙하게 만드는 것 같다.

그러나 단 한 번, 내가 스트레스를 아주 많은 받은 적이 있다. 카일이라는 서른일곱 살의 백인 남성 때문이었다.

정동장애 남자

그와의 상담은 듣는 것 자체가 고역이었다.

그의 병명은 정동장애다. 앞에서 이야기했듯이 정동장애란 정신분열증과 우울증, 조울증 같은 정서장애가 혼재하고 있는 증상을 말한다.

처음에 내게 왔을 때 그는 상담을 하다 말고 울기만 했다. 나는 앞으로 상담이 참 잘되리라 생각했다. 처음부터 울 수 있다는 건 마음을 금방 열고 있다는 좋은 징조로 해석할 수 있다.

아니, 그런데 웬걸. 그는 두번째 세션부터 내가 말하는 한마디 한마디를 걸고넘어지기 시작했다.

내가 "잘 지냈어요?"라고 말하면 그는 "내가 왜 못 지냈을 거라고 생각해요?"라고 했다.

내가 "문제에 대해서 말해보세요"라고 하면 "내가 문제 있는 놈이라고 판단하는 근거가 뭐요?"라고 따져댔다.

더 기가 막힌 건 내가 자신에 대해 판단하고 상담을 한다며 디렉터에게 가서 따졌다. 답답한 일이었다. 나는 결단코 그에 대해 판단을 하고 대화하지 않았다. 디렉터에게 가서 내 망신을 주는 그의 어처구니없음에 화도 났다.

디렉터는 오히려 나를 위로했다. 그에 따르면, 카일의 예전 테라피스트가 지난 이야기에 나왔던 러레인이었다. 그런데 러레인도 카일의 공격성 때문에 많은 고생을 했단다. 그러면서 이렇게 말을 했다.

"그런 자세를 하고 있으면서도 상담을 받으러 오는 이유가 나도 궁금

하다. 그렇다고 그의 진료를 거부하는 것은 윤리적으로 허락되지 않는
다. 그러니 그의 태도에 신경 쓰지 말고 당신의 스타일대로 해라."

'나의 스타일대로.'

그 말을 들으니 용기가 생겼다.

"나한테 불만 있어요?"

그 다음주 세번째 세션.

카일은 칼같이 상담시간을 지켜서 나를 찾아왔고 내 앞 의자에 앉았
다. 나는 속으로 이렇게 되뇌었다.

'오늘은 나도 그냥 넘기지는 않으리라. 네놈이 나를 걸고넘어지든 말
든.'

잠시 불편한 침묵이 흘렀다. 카일은 고수였다. 내 침묵을 받아 그 역
시 입을 열지 않았다. 마치 맹수의 눈빛으로 내 눈만을 정면으로 응시
할 뿐 그는 미동도 하지 않았다. 결국, 내가 먼저 침묵을 깼다. 그것도
아주 공격적으로.

"디렉터한테 이야기 들었어요. 나한테 불만 있다면서요?"

포문을 연 나는 첫 상담부터 내가 가지고 있던 불편함과 이해되지 않
았던 점들을 다 쏟아부었다. 상담은 마술이 아니며 환자가 협조를 하지
않으면 상담은 불가능하다는 말도 했다.

어쩐 일인지 카일은 내 말을 자르지 않고 끝까지 듣기만 했다. 내 말
이 다 끝났음을 알았을 때 그가 보인 행동은 코웃음을 크게 치며 문을

쾅! 닫고 나가버린 것이다.

그 모습을 보며 화가 나기는 했지만 차라리 잘된 일이라고 생각했다. 그렇게 해서 다시 오지 않으면 난 골칫거리 하나가 없어지는 것이다. 만약에 다시 온다면 그는 상담자가 그리 호락호락한 사람이 아니라는 것을 알게 된 것이다. 그런데 그는 병원에 올까? 안 올까?

카일은 네번째 세션의 정확한 시간에 나타났다. 설마 했는데, 그는 나타났다. 나는 다시 질문했다. 그의 자세가 어떻게 변했는지를 확인하고 싶었다.

"카일, 뭐 한 가지 물어봅시다. 예전에 뉴욕에서 정신병원에 입원하기 직전 왜 자살시도를 했습니까?"

"내가 죽으려 했다고 판단하는 근거가 뭐요?"

그는 달라진 것이 하나도 없었다. 어디 한번 해보자! 나도 오기가 발동했다.

"내가 당신을 판단하고 있다고 판단하는 당신의 근거는 뭡니까? 나는 질문을 한다고 미리 말했고 예전 기록을 보며 당신에게 말하고 있는 것입니다. 내가 이런 기본적인 질문도 못 한다면 당신은 왜 치료받으러 옵니까?"

왜 오는가. 드디어 정말 하고 싶은 말을 했다. 카일의 표정이 일그러졌다.

"환자한테 왜 오냐고? 당신 테라피스트 맞아?"

카일은 버럭 소리를 질렀다.

"내가 뭐라고 말했어요? 내가 기본적인 질문도 하지 못한다면 여기 왜 오냐고 말했습니다. 내 말을 왜곡해서 듣지 말아요. 그리고 명심해요. 앞으로 나는 내가 필요하다고 생각하는 말을 거침없이 할 겁니다. 그러니 내 질문을 곡해하지 말고 성실히 대답해주길 바래요. 내가 마음에 들지 않아서 그러는 거라면 다른 테라피스트를 만나도 좋습니다."

네번째 세션은 이런 식으로 티격태격하다가 시간이 다 되고 말았다. 그 세션이 끝나고 나니 더 많은 의문점이 고개를 들기 시작했다.

그는 불평을 하고 있으면서도 계속 상담시간을 지켰다. 그것은 러레인에게도 마찬가지였다. 그때나 지금이나 다른 테라피스트를 요청하지도 않았다. 게다가 네번째 세션이 끝나고 디렉터에게 물어보니 이번에는 카일에게서 아무런 불평도 듣지 못했다고 했다.

그에게 특별한 상처가 있는 것일까? 기록으로만 보면 그는 뉴욕에 살때 수면제를 과다복용해 자살을 시도했고 뉴욕의 정신병원에 입원한 후 워싱턴지역으로 왔다는 사실뿐이다. 꼼꼼하기로 유명했던 러레인의 기록까지 뒤져봤지만 그의 상처에 대한 내용은 구체적으로 적혀 있지 않았다. 기록에는 자주 죽고 싶다는 말을 했다고 적혀 있지만 당장에 죽을 의향은 없다는 내용 또한 적혀 있었다.

"내가 화를 내더라도 변명하지 말아주세요"

그러는 사이 또 일주일이 지났고 카일의 예약시간이 다가왔다. 역시 카일은 정확한 시간에 나타났다. 그에 대한 의문점이 생기고 관심을 갖다보니, 이번에는 특이하게도 그가 나타난 것이 고마웠다. 이렇게 열심히 나타나주는 것만으로도 이 사람에게 희망이 있는 게 아닐까라고 생각하기 시작했다. 나는 최대한 부드러운 목소리로 말을 꺼냈다.

"내가 잘못한 게 있었다면 사과할게요. 난 카일과 잘해보고 싶어요."

예전 같으면 그의 답변은, '왜 잘못했다고 생각하세요?' 라거나 '잘하려는 사람이 그런 식으로 행동을 해요?' 였을 것이다. 그런데 의외의 대답이 나왔다.

"부탁이 있습니다."

나는 처음 듣는 그의 부드러운 목소리를 경청했다.

"내 병은 내가 잘 압니다. 내 모난 성격도 내가 잘 압니다. 앞으로 내가 화를 내더라도 변명하지 말아주세요."

변명하지 말라니, 이건 또 무슨 말인가. 카일이 설명을 했다.

"난 당신이 변명하지 않아도 내 잘못을 잘 인식합니다. 내가 화를 낼 때 당신이 그런 상황이 아니라고 설명하면 나는 내가 더 싫어진단 말입니다. 그렇지 않아도 화를 내고 있는 내가 싫은데 '거봐라. 너 그런 인간이야' 라고 확인해주려는 것 같아서요."

아! 난 이제야 카일에 대해서 조금 알 것 같았다.

난 그동안 교과서대로 했던 것이다. 환자가 화를 내면 거기에 대해서 이야기하고 설명하고 화의 원인을 분석해야 한다고만 생각해왔다. '인간의 다양성에 기초한 이론의 유연성', 또다른 교과서에서 배운 그 이론을 나도 모르게 망각하고 있었던 것이다.

카일은 그날 처음으로 자신에 대해 많은 이야기를 했다. 짧게 정리하면 이렇다.

1991년, 그는 뉴욕 콜롬비아대학에 다니고 있었다. 공부도 잘했고 부모의 기대도 대단했다. 게다가 아름다운 여자친구도 있었고, 수입이 좋은 파트타임 직장도 있었다. 한마디로 남부럽지 않을 때였다.

그런데 그는 마약에 손을 대기 시작했다. 자신의 삶에 불만이 있어서가 아니라 더 즐기기 위해서였다. 당연히 마약은 카일의 뇌를 파괴했다. 그러나 카일은 마약의 황홀함에서 빠져나올 수가 없었다. 그는 점점 더 마약을 갈구했고 돈이 필요했다.

악마의 유혹에 심취할수록 그는 주변의 것들을 잃어갔다. 학교도 직장도 부모님의 사랑도, 심지어 애인까지도. 애인은 다시는 찾지 말라는 말과 함께 그를 떠나갔고 그는 노숙자생활을 시작했다.

그 폐허의 삶 속에서 그는 여전히 마약을 찾았고 세상에는 사랑이 존재하지 않는다고 확신했다. 친구도 가족도 애인도 모두 증오의 대상이 됐다. 자신에게 무관심한 그들이 너무나 미웠고, 그 미움은 결국 자기 자신에게로 이어졌다. 어쩌다 이렇게 거지 신세가 됐는지 한심했다.

결국 그는 자살을 결심했다. 그러나 겁이 났다. 그래서 가장 편한 방법을 고민했다. 수면제를 훔쳐서 통째로 복용했다. 그리고 길 위에 누웠다. 눈을 떠보니 병원이었다. 두번째 자살시도는 경찰서 앞에서였다.

"죽을 결심을 했으면서도 두려워 떨었습니다. 내 고통스런 인생을 간절히 멈추고 싶었지만 죽음에 대한 공포가 떨쳐지지 않더라고요. 그래

자신을 사랑한다는 것, 그건 이기주의로 비칠지도 모른다.
그러나 자학을 할 바에는 이기주의자egoist가 낫다는 말에 동의한다.

서 고민 끝에 그 두 가지 갈등을 합하기로 했습니다. 수면제를 먹고 경찰서 앞에 누워 있으면 구제될 수 있다는 희망과, 그래도 어쩌면 원하는 대로 정말 죽을 수도 있을 거라는 희망. 이 모순된 희망들을 모두 충족시키는 일을 내가 했던 겁니다. 그런데 막상 수면제를 먹고 누워서는 이런 생각이 들었습니다. 경찰이 날 늦게 발견하면 난 정말 죽는 건가? 잠이 들면서도 두려움에 몸서리쳐지더라고요."

그는 그런 사람이었다. 사랑의 존재를 거부하면서 자신조차도 부정하는 사람, 자살도 제대로 못 하는 자신의 우유부단함을 자학하는 사람. 상담자를 시니컬하게 바라보면서도 뭔가 간절한 듯이 빠지지 않고 상담에 응하는 사람.

그의 과거를 듣자 연민이 생겼다. 나는 훨씬 더 친숙한 목소리로 그에게 물었다.

"이제 마약은 끊었어요?"

그가 대답했다.

"내가 아직도 마약을 하고 있을 거라고 생각하는 근거가 뭐요?"

나를 싫어하기 시작할 때, 세상은 사라진다

카일은 계속 치료 중이다. 마약이 남긴 상처는 엄청난 것이다. 서른일곱이라면 아직 뭔가 시작할 수도 있는 나이지만, 정동장애로 시달리는 그에게는 삶의 에너지가 하나도 없다.

나와 그가 함께 목표로 삼는 것은 그 스스로 자신에게 용기를 북돋는 일이다. 그 스스로 자신을 사랑하는 마음을 되찾는 것이다. 자신에 대한 참을 수 없는 증오심과 복수심은 쉽게 사라지지 않는다. 그래서 여전히 그와의 상담은 고군분투 중이다.

자신을 사랑한다는 것.

나 역시 사랑을 잘 모른다. 그 대상이 자신이든 타인이든 사랑을 외칠 만큼 뜨거운 가슴을 가지고 있지도 못하다. 자신을 사랑한다는 것이 혹 이기주의적인 모습으로 비치는 것은 아닌지를 나도 고민한다.

그러나 자학을 할 바에는 이기주의자egoist가 낫다는 말에 동의한다. '자신을 사랑하지도 못하면서 어떻게 남을 사랑할 수 있습니까?' 라는 누군가의 말에 나는 수긍한다. 특히 카일을 통해서 확실하게 알게 됐다. 자신을 싫어하기 시작할 때 세상은 사라진다는 것을.

세상 모든 걸 사랑한 남자, 폴 아저씨

폴 아저씨는 관 속에 행복한 듯한 표정으로 누워 있었다. 이곳 미국에서는 사람이 죽으면 장례식 전에 '고인과의 대면viewing' 이라는 것을한다. 깨끗하게 손질된 사자의 몸은 관 속에 누워 평소에 인연 있던 사람들과 마지막 인사를 한다. 관 앞에서는 유족들이 서서 사람들에게 위로를 받는다. 폴 아저씨의 유일한 혈육인 그의 누나가 동생의 관을 지키고 있었다. 뭐라고 말해야 할지 쭈뼛하게 서 있는 나에게 다행스럽게도 누나가 먼저 말을 걸어준다.

"고마워요, 그리고 우리 슬퍼하지 말아요. 잘 알잖아요? 그가 행복해할 거라는 거."

고인과의 대면과 기도예식을 마치고 폴 아저씨를 실은 운구차를 선두로 수많은 차가 그 뒤를 따른다. 어딘가에서 오토바이를 탄 경찰관들이 나타나 운구행렬을 보조한다. 미국에 온 이후 이렇게 따라간 장례식이 벌써 몇 번째던가.

　공동묘지에서의 마지막 하관식은 모두를 힘들게 한다. 동생의 죽음 앞에서 평상심을 유지했던 폴 아저씨의 누이도 하관식 때만큼은 많은 눈물을 흘렸다. 땅 아래에 이미 내려가 있는 관 위에 나는 다른 사람들처럼 꽃 한 송이를 던졌다. 그 위를 흙으로 덮고 작은 비석 하나를 올리면 새로운 무덤이 생기는 것이고, 때때로 그의 누이나 조카들이 찾아와 인사를 할 것이다.

　내 환자 중 유일하게 마음의 상처를 입지 않은 사람이 있다. 그가 바로 폴 아저씨다.

　폴 아저씨와의 인연은 2003년 초로 거슬러 올라간다. 처음에 그는 휠체어의 도움을 받으며 병원에 왔다. 그는 쉰한 살이었고 정신분열증상이 있다고 했다. 그를 처음 본 순간, 산타클로스를 닮았다고 생각했다. 긴 수염에 통통하고 편하게 생긴 얼굴, 약간 벗겨진 머리, 게다가 쉴 새 없는 미소까지, 빨간 옷과 흰 선물보자기만 주면 영락없는 산타클로스였다.

　그렇게 좋은 인상만큼 그와의 첫번째 세션은 무척 편했다. 첫번째뿐 아니라 그 이후에 3주에 한 번씩 만나는데도 그와의 세션이 기다려질 정도로 편했다.

　폴 아저씨의 과거 이야기는 무척 간단했다.

　그는 젊었을 때 존스홉킨스대학에서 레지던트생활을 했던 외과 의사였다. 의사였던 당시까지 그의 인생에는 별다른 굴곡이 없었다. 부모님이 일찍 돌아가셨지만 좋은 친지들이 자신과 누이를 돌봐줬고 남부럽지 않게 하고 싶은 일들을 하면서 살아갈 수 있었다.

게다가 그는 공부에 대한 흥미가 매우 컸다. 변호사와 의사의 길 중 하나를 선택하기만 하면 목표대로 성취할 자신이 있었다. 결국 의대를 갔고 그의 삶은 탄탄대로였다.

그의 꿈은 '국경 없는 의사회' 같은 단체에 들어가 전쟁터의 사상자들을 돌보는 일이었다. 미국이 전쟁에 가장 많이 관여하는 국가이기에 그런 기회는 얼마든지 있었고 그는 때만 기다렸다.

그가 그런 꿈을 가졌던 이유에 대해 그 자신도 잘 모르는 듯했고 나도 처음에는 알 수 없었다. 그러나 나는 점점 더 그의 꿈이 이해되기 시작했다. 폴 아저씨는 선천적으로 착한 사람이었다. 그리고 매우 특별하게도 세상의 모든 사물에서 행복의 요정을 찾아내는 능력이 있었다.

길가에 솟아 있는 풀 한 포기도 그를 행복하게 했다. 세상에 살아 있는 모든 생명체가 그의 친구였고 그는 그것들과 의사소통을 했다. 나도 반신반의했다. '아니 어떻게 풀과 교감을 나눈다는 거야?'

그런데 어느 날 폴 아저씨는 내 사무실의 작은 화분을 보며 나에게 잎사귀들을 잡아보라고 했다. 나는 시키는 대로 했다. 그리고 그의 말대로 눈을 감고, 이 식물은 살아 있으며 나와 교감하는 생명체라는 생각에 집중했다. 그러자 놀랍게도 아주 짧은 한순간 행복감에 가슴이 두근거려오는 것이었다.

그러나 바로 그런 폴 아저씨의 특별한 감각이 폴 아저씨를 불행하게 했다. 폴 아저씨는 의사로서의 모든 꿈을 버려야 했던 것이다.

어느 날 TV 속의 배우들이 자신을 향해서 이야기하기 시작했고 그 증상이 심해져서 나중에는 TV를 보지 않아도 계속 시끄러운 목소리가 들렸다. 게다가 피라미드 같은 모양의 돌덩이가 그의 머리를 짓누르는 환상에 머리가 아파 그는 종종 열병을 앓았다.

그가 담당하는 환자의 말도 현실인지 환청인지 헷갈리기 시작했다. 결국 그는 병원을 떠나기로 결심했다. 병원에선 유능했던 그를 잡으려 했지만 그는 조금이라도 환자에게 피해를 주고 싶지 않았다.

막상 꿈을 포기하고 나니 할 일도 없었고 갈 곳도 없었다. 그는 누나 집에 기거하면서 정신과 치료를 본격적으로 시작했다. 그게 약 22년 전이다. 그리고 내가 그를 보게 된 것이었다.

정신과 치료를 받아온 22년간 그에게는 많은 변화가 있었다. 특히 신체적으로 온갖 잠재해 있던 병이 뛰쳐나오기 시작했다. 당뇨병, 신경통 그리고 슬쩍하면 생기던 골절상. 무엇보다도 심각한 백혈병은 그의 생명을 위태롭게 했다.

내가 그를 만난 기간은 2003년부터 그가 죽던 2006년까지 약 3년 반이다. 폴 아저씨를 만나는 동안 나는 육체가 아닌 영혼이 가장 행복한 사람과 대화를 나눴고 다음은 기억나는 몇 가지 모음이다.

대화 #1 곤혹스러운 테라피스트
내가 물어봤다.

그는 모든 사물과 교감할 수 있는 능력이 있었다. 그러나 어느 날 TV 속 배우들이 말을 걸기

시작하면서 증상이 시작됐다.

"솔직히 내가 특별히 도움 줄 만한 일이 뭔지 모르겠습니다. 오히려 제가 도움을 받고 있다는 느낌입니다."

그러자 폴은 이렇게 받았다.

"나한테 도움 받고 있다는 생각을 하다니 당신은 좋은 테라피스트입니다. 벌써 그런 말로 내 기분을 좋게 하고 있지 않습니까? 어찌 생각하든 난 이렇게 이야기하는 걸 좋아하고 당신은 도움이 된다는 자세로 경청을 하고 있으니, 그게 바로 내가 이곳에 오고 싶어하는 이유인 게 확실합니다."

그는 죽기 직전까지 힘을 다해서 찾아왔다. 내가 그에게 도움을 줄 능력에는 한계가 있어서 치료상으로는 도움이 되지 않았음에도 불구하고, 그는 나를 좋은 테라피스트라고 치켜세웠다. 생각해보면 어떤 사람이라도 그에게는 좋은 테라피스트가 될 수 있었다. 그렇다고 그가 입에 발린 말을 하는 사람은 아니었다. 내 기억에 그는 모든 사람을 그렇게 좋아했다.

대화 #2 고통은 무엇인가

어느 날 그는 평소에 잘 펴지지 않아 자유롭지 않은 오른손 바닥과 왼쪽 다리의 근육을 수술했다. 퇴원 후 이틀 만에 찾아왔다. 내가 먼저 말을 걸었다.

"고통에 대해 어떻게 생각하세요?(폴 아저씨와는 주로 이런 류의 대화를 많이 했다.)

"좋게 생각해요. 아파서 잘 움직이지 못해 불편하고 귀에 들리는 환청이 하도 시끄러워 잠을 깊이 자지 못하지만, 그게 다 생각하기 나름이지요. 아프니까 내가 보고 싶던 세상이 더 잘 보여요. 당신도 알겠지만 난 몸속이 성한 데가 없는 사람이야. 나처럼 키가 작고 살이 찌고 어릴 때부터 이렇게 비율이 맞지 않는 사람은 몸속의 기관들이 성하기가 힘들지.

당신 나이 때였나? 어느 날 속이 뒤틀려 데굴데굴 구르다가 룸메이트가 나를 싣고 병원으로 달려갔지. 한참을 아파하던 중에 언뜻 차 밖을 내다봤어요. 세상이 평화롭고 아름다워 보이는 거야. 내가 그렇게 아파서 바닥까지 내려가지 않았다면 아마 평화를 얻지 못했을 거라는 생각을 해요. 나는 지금의 이 고통을 무엇과도 바꾸지 않을 거요. 차라리 아픈 게 낫지."

"병 때문에 거의 이루어놓은 꿈도 포기했는데 정말 아무렇지 않아요?"

"글쎄, 지금 나한테는 그 꿈이라는 게 허상에 불과하다고."

대화 #3 당신은 왜 사나요

"미스터 권은 왜 살아요?"

"네?"

"나는 내가 사는 이유에 대해서 생각해봤어요. 오랜 시간 고민을 해봤는데 결론이 나오지 않더라고. 처음에는 내가 없는 세상은 상상도 할 수 없다고 생각했고, 아름다운 세상을 생각했지. 그런데 시간이 좀더 지나고 보니 그게 다 내 존재에 대한 변명이야. 미스터 권은 왜 살아요?"

나는 약간 멈칫했다. 존재에 대한 변명이라는 한계선을 그어놓았으니 나도 별로 할 말이 없었다. 책에서 읽은 것처럼 이럴 때 책상을 쾅하고 내려치는 대답을 했으면 좋겠다는 생각을 했지만 나는 흉내 내기가 싫었다. 그래서 결국 "모른다"고 대답했다. 폴은 말했다.

"그냥 좋은 마음으로 행복하게 살면 돼. 지저분하게 이런저런 이유 붙이지 말고. 내 생각에는 그 누구도 존재해야 할 이유는 없어. 하지만 미스터 권은 그 이유를 찾아주는 일을 하고 있는 거 아니요."

대화 #4 죽음이 두렵지 않나요?

죽음을 앞두고 있는 사람들을 여러 번 봤지만 항상 내가 어떻게 해야 그 사람들의 마음을 편하게 할 수 있을지 고민한다. 시간이 좀더 지나 내가 고민 없이 그들을 진정시키고 위로할 수 있을 만큼 성장하기를 바란다. 죽음을 앞두고 있는 사람에게는 감정의 공유나 이해 따위가 그리 위로가 되지 않는다(아예 필요 없다는 말은 아니다). 그런 것은 살아갈 사람에게나 큰 효과가 있는 것이다.

그래서 그들을 만나 이야기하는 것은 항상 어렵다.

폴도 심한 백혈병과 다른 합병증으로 시한부 인생을 살고 있었다. 병원에 실려가 위기도 여러 번 넘겼다가 나왔다. 혹시 죽음에 대해서 많이 두려워하는데 숨기는 건 아닌가 싶어 물어봤다.

"죽음을 생각하면 두렵지 않나요?"

"난 죽을 날을 간절히 기다리고 있는 사람이라오. 예전에 잠깐 죽은 적이 있는데, 그 경험은 너무나 황홀하고 행복해서 누구나 그 경험을 한다면 세상에 돌아오기가 싫어지고 돌아온 사람은 다시 돌아갈 날을 기다리게 되지. 미스터 권이 나처럼 곧 죽을 사람들에게 이런 말을 해주면 그들에게 위로가 될 거야. 재촉하지도 말고 집착하지도 말고 평화롭게들 기다리라고 해요."

폴 아저씨는 어떤 경험을 했던 것일까? 그는 무슨 보물단지 모시듯 더이상 그 이야기를 자세히 해주지 않았다. 하지만 그게 어떤 경험인지는 그가 말하지 않아도 대충 알 것 같았다. 많은 사람이 이야기했던 죽음에 대한 신비한 경험과 크게 다르지 않으리라.

물론 과학계에서도 그런 경험은 인정하고 있다. 그리고 작년인가 거기에 대한 연구발표가 있었다. 발표에 의하면, 사람은 임종을 하는 순간 뇌의 어떤 화학성분이 크게 변하는 공통점을 보인다는 것이다. 그리고 아마도 죽음의 신비한 체험은 그 뇌의 일시적인 현상과 관련이 있지 않을까라는 내용이었다.

그러나 아무리 그런 자료가 나온다고 해도 죽음은 두려운 것이다. 그런데 폴 아저씨는 너무나 의연하게 죽음을 기다린다고 말한다.

폴 아저씨의 장례식에는 많은 사람이 왔다. 적십자사의 간부들과 정부기관의 간부들 그리고 수많은 병원 관계자가 왔다. 자기 몸이 많이 불편했으면서도 여기저기 관여를 하면서 봉사활동을 오랫동안 해왔기 때문이다. 나도 그가 이렇게 많은 봉사활동을 했는지를 장례식장에서야 알았다.

사람이 살아가는 모습은 참 다양하다. 100명이 있으면 100가지의 다른 삶의 이야기가 있다. 아직도 확실하게 알지는 못하지만, 테라피스트로 일하며 많은 사람의 삶의 이야기를 들으면 들을수록 행복의 가장 근본적인 조건에 대해 이런 생각을 하게 된다.

'혹시 행복은 마음에 달려 있는 게 아닐까?'

물론 나 역시 확신은 없다. 세상의 수많은 불공평한 환경으로 고생하는 사람들을 나는 매일 보면서 살아간다. 그 사람들에게 행복은 당신들 마음에 달렸다는 말을 해보라. 욕먹기 딱 좋다. 길거리에 나가서 굶주린 배를 움켜쥐며 온갖 병마와 싸운 적이 없는 내가 이렇게 행복에 대해 정의한다면 그거야말로 언어유희밖에 되지 않는다.

하지만 그런 고통을 모두 경험하면서도 행복하게 세상을 살다간 폴 아저씨를 통해서 그런 생각들이 단지 관념적인 것은 아닐지도 모른다는 생각을 한다.

폴 아저씨는 나와의 마지막 세션을 하던 날, 마치 자기의 죽음을 예감이라도 한 것처럼 나에게 유리로 만든 커다란 체스 세트를 선물했다.

"미스터 권, 내가 줄 수 있는 선물이오. 언젠가 누이가 유리알로 만든 체스판을 생일선물로 줬다고 하니까 미스터 권도 그거 갖고 싶었다며 어디서 샀는지 물어봐달라고 하지 않았소? 근데 난 곧 죽을 사람이니까 정말 이거 필요 없어요. 제발 받아주시오."

나는 그걸 받을 수가 없었다. 작은 선물 같으면 거절 않고 받는 게 인정일 수 있으나 이렇게 큰 것은 받을 수 없다는 게 우리의 행동윤리였다. 결국 아주 싸게 사는 조건으로 그 선물을 받았다. 그것이 그와의 마지막 만남이었다.

나는 가끔 그가 남겨준 체스판을 바라다보며 이런 질문을 한다.

'아팠어야 할 당신이 어떻게 그만큼 행복할 수 있었나요?'

폴 아저씨가 살아 있었다면 사람 좋은 미소를 지으며 나에게 이런 꾸지람을 했을 것이다.

"미스터 권, 그렇게 설명을 했는데도 아직 못 알아들었어?"

노인 우울증의 가장 큰 원인은 배우자와의 사별과 백수생활이다. 사별에 대해선 이후 죽음에 대한 주제를 다룰 때 다시 나온다.

여기서는 노인들의 백수생활에 대해서 다뤄보자. 예순에 은퇴를 한다고 가정해보라. 은퇴할 당시에는 나름대로 꿈에 부풀어 있다. 평생을 공부하고 일했으니 이제는 자신을 위해서 살아야겠다고 생각하며 운동, 여행, 친구들을 만날 계획에 마음이 부푼다. 열심히 놀다보면 하루하루가 재미있다.

그런데 그 '재미있다'는 느낌이란 1년이면 끝난다. 뭐 길게는 2년까지 가는 사람들도 있기는 하다. 그 다음부터의 삶은 지루함과의 싸움이다. 재미있다고 느꼈던 운동이나 여행에 흥미를 잃기 시작한다. 이제는 아침에 일어나면 지루함을 견디는 일을 찾는 게 일상이 돼버린다. 지속적으로 느끼는 삶의 지루함이라는 건 생각보다 훨씬 무섭다.

플로베르의 『보봐리 부인』에서 주인공 엠마가 착한 의사 남편을 놔두고 사고를 치기 시작하는 것도 삶의 지루함 때문이 아니던가. 반복되는 일상의 지루함, 그리고 남편의 지루함은 엠마의 강한 욕망을 더 강렬하게 추동할 뿐이다. 그리고 그 욕망은 폭발해서 비극적 인생으로 빠지기 시작한다. 인간의 심리를 참 생생하고 사실적으로 묘사한 명작이다.

그런데 그 소설 속의 지루한 의사 남편은 아마도 플로베르 자신이었을 것이다. 그도 의사 출신이었고 장애로 인해 약간 폐쇄적인 삶을 살았던 배경 등을 보건대 말이다. 욕망이 강한 사람일수록 지루함을 견디기 힘들어한다.

은퇴한 노인들도 욕망이 있다. 그리고 지루한 일상은 알지 못할 욕망을 더 강렬하게 만든다. 삶의 지루함이 오랜 시간 이어질 때, 노인들은 우울증이라는 병에 걸린다. 무언지 알지 못할 강한 욕망은 십대의 청소년처럼 혹은 보봐리 부인처럼 엉뚱한 일을 하게 만들기도 한다.

아흔다섯 살이 된 어떤 분이 이런 말을 했다. 자기 인생에서 가장 후회되는 것은 예순 살에 은퇴한 후 올바른 삶의 계획을 세우지 못한 거라고. 일찍 죽을 줄 알고 놀다보니 무려 35년의 백수생활을 하게 됐단다. 우리가 노년에 들어섰을 때는 평균 연령이 최소한 여든 살쯤 될 것이다. 예순 살에 은퇴를 하고 쉬기 시작해도 20년이다. 별다른 목표 없이, 아무런 자기성취 없이 20년을 보낸다는 생각만 해도 우울해지지 않는가?

노인들은 '이젠 죽어야지'라는 말을 은연중에 많이 한다. 그걸 우리는 노인들이 으레 하는 말이라며 흘리거나 웃어넘긴다. 그런데 그건 우울함이나 우울증의 한 표현일 수 있다. 노인이라는 이유로 그런 우울증의 가능성조차 무시되는 건 또다른 형태의 인권침해가 아닐까?

노인 우울증의 치료는 적성 테스트부터 시작해야 한다. 거기서 발견된 적성을 근거로 해서 새로운 인생의 목표와 실천 방법을 제시해준다. 이때 제시될 목표와 실천 방법은 절대로 황당무계해서는 안 되며, 실천 가능한 것이어야 한다.

외상후 스트레스장애, 저스틴과 피터

개인적인 이야기를 먼저 하자.

내가 중·고등학교에 다니던 시절에는 불량배가 꽤 많았다. 선생님이 조사를 해보면 항상 과반수가 불량배에게 돈을 빼앗기거나 위협을 받은 적이 있다고 했다. 가난한 동네여서 더 심했는지도 모른다.

그러나 나는 예외였다. 최소한 그 일이 있기 전, 중학교 3학년 때까지는 말이다.

워낙 걷기를 좋아해서 등하교 시간에 마을 구석구석을 걸어다녔지만 한 번도 불량배와 마주친 적도 없었고 또 설령 만난다고 해도 두려울 것 같지 않았다. 놈들이 주먹이 있다면 나도 주먹이 있었으니까.

그런데 그날, 해가 저물어가는 저녁나절 나는 처음으로 그들을 만났다. 평소처럼 여유 있게 집으로 걸어가고 있는 내 앞에, 고등학생으로 보이는 덩치 큰 한 명이 나타난 것이다.

그는 아주 짧고 간결하게 말했다. "백 원만 꿔주라."

그러나 나는 알고 있었다. 이 사람이 나에게 원하는 것은 '백 원만'도 아니고 '꿔달라'는 것은 더더군다나 아니라는 것을.

그 진의를 금방 파악하고 한번 붙어보려고 하는 찰나에 오토바이 소리가 나더니 네 사람이 더 나타났다. 그들은 다섯 명이었고 나는 순식간에 불어난 불량배의 숫자보다 더 많이 겁을 집어먹었다. 그들은 온갖 욕을 내게 퍼부으며 시간이 없으니 있는 거 다 풀어놓으라고 했다. 나는 팬티라도 벗어줄 듯이 움츠려버렸다.

그때 나는 절실히 깨달았다. 폭력 앞에서는 세상의 그 어떤 성인군자라도 초라하게 당할 수밖에 없다는 사실을. 기억을 좀더 해본다면 나는 그때 36계 줄행랑을 쳤고 마을 사람들, 그것도 노부부가 그 폭력배들을 발견한 덕에 무사할 수 있었다. 뒤도 안 돌아보고 도망을 가는 와중에도 나는 내 자신이 너무 수치스러웠고 무슨 배짱으로 여태까지 이 무법천지의 거리를 활보했는지를 후회했으며, 스스로가 얼마나 무력한 소인배인가를 몸을 떨며 확인했다.

그리고 나는 중학교 3학년의 그날 이후 고등학교 3학년 때까지, 무려 3년 동안 동네를 즐겁게 걸어다니지 못했다. 항상 전방을 주시했고 인상이 좀 험악한 사람이 저 앞에서 나타나면 길을 건너서 걸었다. 가끔 습관적으로 뒤를 돌아보기도 했다.

고교 3년간 등하교 길은 내게 고역이었지만 자의식이 강했던 나는 이런 내막을 단 한 번도 친한 친구나 가족에게조차 말한 적이 없다. 지금도 그때 일을 떠올리면 기억을 잊으려 고개를 절레절레 흔들곤 한다.

너무나 맑고 투명한 세상에서의 저스틴

자의식이 나만큼, 아니 나보다 더 강한 사람 중에 저스틴이라고 있다. 이번 이야기의 주인공이자 내 환자였던 사람이다.

1981년에 대학을 졸업한 저스틴은 두 가지 꿈을 꾼다. 하나는 배낭여행으로 세계일주를 하는 것이고, 그 여행이 끝나면 화학을 전공한 경력을 살려 방산업체에 취직을 하는 것이다. 그는 1년 만에 두 꿈을 모두 성취했다. 1년 동안 계획한 여행을 마쳤고, 1982년 애리조나 주에 있는 한 방산업체에 취직했다.

그의 여행법은 특이했다. 이동수단은 철저하게 히치하이킹에 의존했다. 낯선 이에 대한 두려움보다는 호기심이 더 큰 그였기에, 그는 남의 차를 빌려 타는 방법으로 세상 사람들과 소통하려 했다.

그리고 카메라에 사람들을 담았다. 그는 사진마니아였고 일반 경치보다 사람들의 미세한 표정을 담고 싶어했다. 그가 얼마나 세상과 세상 사람들에게 순수했는지는 그의 여행사진을 보면 쉽게 알 수 있다. 그의 사진 속 사람들은 너무나 맑고 투명해서 보기만 해도 기분이 좋아질 정도였다.

그러나 그가 아끼는 어떤 사진에 대해, 내가 구도와 소재를 스미소니언 미술관의 어느 그림에서 본 적이 있는 것 같다고 하자 그는 불같이 화를 냈다. 그리고 이후 그를 만났던 5년 동안 틈만 나면 내게 자기 사진의 독창성을 주장했다. 특히 상태가 좋지 않은 날이면 그 이야기를 강박적으로 꺼냈다. 그는 이렇듯 자의식과 자존심이 강한 사람이었다.

1983년, 어느 봄날의 사고

여행을 다녀오고 원하던 직장에 들어가고 틈틈이 자신의 취미생활인 사진과 여행을 즐기던 이 건강한 청년의 행복은 그리 오래가지 못했다.

입사 다음해인 1983년 그에게 어떤 일이 생기고 만다. 그 일은 여자친구와 데이트 하기로 한 그랜드캐니언으로 가는 길에서 생겼다.

저스틴은 미국 동부에서 그를 찾아온 여자친구를 위해 그랜드캐니언의 헬리콥터 협곡 관광을 예약했으며 1983년 어느 봄날 새벽, 그는 마스코트처럼 돼버린 배낭과 사진을 메고 그랜드캐니언으로 향한다. 여자친구와는 헬리콥터 승강장에서 만나기로 했고 그는 자기의 여행 스타일대로 히치하이킹을 시도한다. 그 히치하이킹이 인생을 180도 바꿔버릴 줄은 조금도 예감하지 못한 채!

가본 사람들은 알겠지만 애리조나는 황량한 곳이 많다. 사막처럼 막막한 어느 지점에서 저스틴 앞에 자동차 한 대가 섰고 그가 "고맙습니다"라고 말하며 차 뒷좌석에 올라탔을 때 그를 맞이한 것은 팔에 문신을 한 십대의 백인 한 명과 흑인 두 명의 주먹세례였다. 주먹은 그의 얼굴을 가격했고 그는 거의 정신을 놓고 말았다.

정신이 들었을 때 그는, 자신이 아직도 숨을 쉬고 있으며 인적 없는 길 한가운데 버려져 있다는 걸 인식했다. 지갑, 시계 그리고 분신과 같던 사진기며 배낭은 물론 신발까지 모두 사라졌다. 그는 목이 말랐고, 기다리고 있을 여자친구가 미치도록 보고 싶었다.

그는 필사적인 악다구니로 히치하이킹을 거듭하며 그랜드캐니언의 헬리콥터 출발지까지 찾아갔다. 평소에 그렇게 잘 보이던 경찰들은 흔적도 없었고 차들은 그의 기괴한 몰골에 겁을 내며 좀처럼 멈추려 하지 않았다. 그러나 한 친절한 트럭운전사 덕분에 그는 애인을 만날 수 있었다.

뭔가가 통했는지 그의 애인도 저스틴에게 무슨 사고가 났을지 모른다는 불안감에 떨고 있었는데, 예감을 현실로 끌고 온 애인을 보고 그녀는 큰소리로 울고 또 울었다.

경찰에 신고하고 병원으로 가자는 여자친구의 말을 거부한 것은 저스틴이었다. 최소한 약속된 헬리콥터는 타야 한다고 고집을 부렸던 것이다. 그때 저스틴의 눈빛은 도대체 자기에게 무슨 일이 있었는지조차 기억하지 못하는 사람 같았노라고, 훗날 그의 애인은 말했다.

저스틴이 당한 육체적 폭행이 정신적인 부분까지 침투했다는 최초의 징조는 헬리콥터 안에서 드러났다.

헬기가 날아오르고 그랜드캐니언의 장관이 보이기 시작했을 때 저스틴은 강한 영감을 받게 된다. 바로 자신 때문에 걱정하는 여자친구의 얼굴 표정과 헬기 밖 그랜드캐니언을 극대화해서 사진을 찍고 싶어진 것이다. 하지만 어느 순간, 분신 같던 사진기가 자기에게 없다는 걸 알아버렸을 때 그는 현기증을 느끼기 시작했고 구토를 하고 말았다. 그는 바로 병원에 실려갔다.

후유증은 시작되고

일주일의 휴가 동안 치료만 받고 회사로 돌아온 저스틴은 예전의 저
스틴이 아니었다. 의사의 소견으로는 '멀쩡함'이었지만 실제의 그는
'안 멀쩡함'이었다.

사고 전, 아주 평범한 관계를 유지했던 그의 상관에게 그는 폭력배의
모습을 포개기 시작했다. 상관 목소리가 그를 가격했던 불량배의 목소
리로 들리기 시작하자 그는 상관만 보면 두려움에 떨었고, 그날의 기억
이 떠올라 땀과 눈물로 범벅이 됐다.

상관은 당황할 수밖에 없었고 그를 조퇴시키는 횟수가 잦아졌다. 일
의 능률성은 논할 수도 없었다. 세심함을 요구하는 일 자체를 아예 하
기가 힘들 정도였다. 그는 사표를 내고 부모님이 살고 있는 동부의 메
릴랜드 주로 돌아왔다.

그 이후 저스틴은 사람 만나는 것을 기피했고 집에 틀어박혀 지내기
만 했다. 그리고 사랑하던 여자친구도 결국 그를 떠나갔다.

그는 부모님의 도움으로 정신과 치료를 받기 시작했고 증세가 심해
질 때면 감금병원을 들락거려야 했다. 병원에서는 그의 병명을 정동장
애로 진단했다. 기복이 심한 기분과 자주 듣는 두려운 목소리의 환청,
누군가에게 쫓기는 듯한 환상과 의심 등은 그를 정동장애로 진단하기
에 충분했을 터였다.

많은 사람은 그렇게 강인하지 못하다

"내가 정신과 치료를 받던 23년간 아무에게도 이 이야기를 하지 않았는데 당신에게 하는 거요."

사실이었다. 지난 5년간 그는 나에게 자신의 증상이 어떻게 시작됐는지에 대해서 한 번도 말한 적이 없었다. 나뿐만이 아니라 그와 일하던 병원의 어떤 스태프들도 이 이야기는 금시초문이었다.

그의 오래된 기록들을 뒤져보니 애리조나 주에서 방산업체에 근무했던 게 사실이고 아주 짧은 시간 그곳에서 정신과 치료를 받았던 기록도 있었다. 너무 오래돼서 아무도 관심 두지 않던 기록들이었다. 그런데 그 사건에 대한 이야기는 어디에도 없었다.

그의 노쇠한 아버지에게 물어보니(환자가 지정하고 사인한 사람과는 환자에 대해 함께 의논할 수 있다) 그 당시에 무슨 폭력사건이 있었다는 이야기를 당시의 여자친구에게서 언뜻 들은 기억이 난다고 했다. 하지만 자세히는 모른다면서 대수롭지 않게 생각하는 눈치였다.

그렇다면 무려 23년여 동안 숨겨왔던 이야기를 저스틴은 왜 지금 와서 내게 해줬던 것일까? 그리고 그는 왜 이 이야기를 오랜 시간 숨겨왔던 것일까? 여기서 내가 왜 이 주제를 말하기 전 내 경험담부터 말했는지 눈치 챌 수 있을 것이다.

저스틴의 증상을 이해하기 위해서는 먼저 '외상후 스트레스장애Post Traumatic Stress Disorder'에 대해 알아야 한다.

여기서 '외상'이란 꼭 육체적인 상처만을 뜻하지 않는다. 오히려 정

신적인 충격의 의미를 더 많이 내포한다. 차라리 '외상후' 라는 말 대신 '충격후' 라는 말을 써서 '충격후 스트레스장애' 라고 하면 그 의미가 더 잘 전달될 듯도 하다.

외상후 스트레스장애는 주로 전쟁, 살인, 강도, 학대, 성폭행, 고문 등의 사건을 직접 겪거나 목격했을 때 그 충격을 정신이 감당하지 못해서 생겨나는 병이다. 그 후유증은 위의 저스틴의 예에서 보듯이 인생을 나락으로 빠지게 하기도 한다. 그런데 더 큰 문제는 외상후 스트레스장애에 대한 사람들의 몰이해다.

겉으로는 멀쩡해 보이는데 그 정도 충격도 극복하지 못하냐는 생각에 '혹시 저 사람 일부러 그러는 거 아냐?' '저렇게 약해서야 원!' 따위의 오해와 책망을 하곤 한다. 그런데 사람의 성격은 제각각이다. 같은 충격을 당하고도 멀쩡히 잘 살아가는 강인한 사람들이 있는가 하면 더 많은 사람은 그렇게 강인하지 못하다.

그나마 우리는 성수대교 붕괴, 대구 지하철역 화재 등의 엄청난 사고 이후 그 재앙 속에서 살아남은 사람들의 이야기를 접할 수 있었다. 살았지만 산 것이 아닌 이들은 밤이면 악몽에 시달리고 폐쇄공포증에 떨고 있으며 미세한 연기에도 두려움에 떠는, 최악의 경우 자살을 하고 마는 불행을 겪고 있었다.

그러나 사회적으로 공개되고 노출된 사고가 아닌, 철저하게 개인의 경험에 있어서의 외상후유증은 그 이해도가 너무 낮다. 초등학교 때 당한 성희롱이 성인이 돼서 이성에 대한 거부감으로 나타나는 경우를 우리는 인과관계 속에서 접근할 수 있을까? 동네 깡패를 등지고 도망가던 한 소년의 치욕이 이후 미세한 대인공포증으로 이어졌다면 수긍할 수 있을까? 사람을 너무나 좋아했던 한 청년이 강도를 당한 이후 인생이 망가졌다는 저스틴의 경우를 당신은 진정 받아들일 수 있는가?

우울증이라는 것이 주변에서 방치할 경우 암보다 더 무서운 질병이라는 사실을 떠올린다면, 외상후 스트레스장애에 대한 우리의 관심이 어떠해야 하는지를 답할 수 있을 것이다.

다시 말하지만, 사람들은 모두 나와 같지 않다. 내 기준으로 볼 때 그렇게 보이는 사람은 정작 고통 속에서 혼자 눈물을 흘릴 수 있다는 것을 우리는 인정해야 한다.

되풀이되는 악몽

꿈을 꾸지 못하는 아주 소수를 제외하고 대부분의 사람은 꿈을 꾼다. 꿈을 꾸지 않는다고 생각하는 사람의 대부분도 사실은 꿈을 꾼다. 기억하지 못할 뿐이다. 꿈을 분석하는 이론에 따르면 무의미한 꿈이라는 것은 없다.

꿈은 크게 인간의 무의식과 의식이라는 두 가지 면을 형상으로 표현한다.

가끔 한국인들이 나에게 꿈 해몽을 해달라고 할 때면 참 곤란하다. 우리에게 꿈 해몽이란 꿈의 내용을 통해서 잠재해 있는 스트레스를 파악하는 것인데 가끔 어떤 분들이 이런 질문을 한다.

"그래서 앞으로 어떻게 된다는 거죠?"

부탁건대 우리 같은 테라피스트와 무술인을 혼동하지 말기를.

저스틴도 꿈 이야기를 하면서 앞으로 자신이 어찌될 것 같나 하는 질문을 했다. 정신치료를 오랜 기간 받아오던 그의 질문은 '내가 이런 악몽을 꾸는데 극복할 가능성이 있을 것 같은가'라는 질문이었다.

앞에서 말했듯 저스틴은 처음으로 자신의 사고 이야기를 시작했고 나는 자연스럽게 그의 외상후 스트레스장애 증상을 탐구해나가기 시작했다. 대번에 그가 밤마다 자주 시달리는 악몽이 가시권에 들어왔다.

몸에 문신을 한 여러 사람에게 쫓기는데 자신은 도망을 가보지도 못하고 얻어터지다가 땀에 흠뻑 젖어 잠이 깨곤 하는 그런 악몽이었다.

두 남자의 마네킹 놀이

저스틴에게는 유일한 친구가 있다. 그의 이름은 피터다. 저스틴과 피터는 병원에서 만났고, 우연이지만 내가 두 사람 모두의 테라피스트다. 그 둘은 서로의 과거를 알지 못한다. 하지만 둘이서 잘도 어울리면서 이곳저곳을 놀러다닌다.

하루는 피터의 동생으로부터 피터가 전날 집에 들어오지 않았다는 걱정스런 연락이 왔다. 나는 짐작 가는 데가 있어서 저스틴에게 연락을 해봤더니 아니나 다를까 저스틴의 집에서 둘이 술파티를 벌이고 잠을 자고 있었다. 그것은 친구끼리라면 충분히 있을 수 있는 일탈이다.

그런데 두 사람의 기이한 행동은 거리에서 나왔다. 둘 다 쇼핑센터에 나란히 서서 지나가는 사람들을 쳐다보는 걸 좋아했다. 그렇다고 둘이서 말을 많이 하는 것도 아니었다. 이상하리만큼 서로 별다른 말을 하지 않았다. 가끔 병원 근처의 쇼핑센터를 지나가면서 보면 말없이 서 있는 두 사람은 마치 마네킹 같았다.

왜 그곳에 그렇게 서서 사람 쳐다보는 걸 좋아하냐고 물으면 두 사람 다 별말을 하지 않았다. 아니 못 하는지도 몰랐다. 분명한 것은, 그들은 절대 혼자서는 그런 행동을 하지 않을 것이라는 점이었다. 내가 알고 있는 그들 각각은 그러기에는 너무나 쑥스러움을 많이 타는 사람들이었다.

그러고 보니 예전에 종로에서 신기한 복장을 하고 흰색 모자를 쓴, 횡단보도 앞에 서 있던 아저씨가 기억난다. 그는 보도를 건너는 수많은 사람을 향해 같은 장소에 서서 정치인의 폼으로 쉴 새 없이 손을 흔들고 있었다.

혹시 여러분은 "당신은 엉뚱해"라는 말을 들어본 적이 있는가? 대부분 한두 번씩은 들어봤을 것이고 엉뚱한 행동을 해본 적도 있을 것이다. 예를 들어 평소에는 관심 없던 것에 무서우리만큼 집중을 하고, 영화를 보며 남들이 웃지 않는 장면에서 낄낄거리는 그런 모습을 주변 사람은 엉뚱하다고 말한다.

그 시각으로 보면 쇼핑센터에서 말없이 사람을 쳐다보는 저스틴과 피터는 매우 엉뚱했다. 저스틴은 그렇다 치고 도대체 피터는 왜 그런 엉뚱한 마네킹 놀이를 하고 있었던 것일까?

나는 왜 발달장애라고 우겼을까

나는 처음에 피터의 증상이 발달장애Developmental Disability라고 우겼다. 예를 들어 정신지체나 뇌성마비, 자폐증 등이 여기에 속한다.

발달장애는 후천적인 게 아니라 선천적인 증상이다. 타고난다는 말인데 피터의 경우는 지능이나 반응하는 모습 등에서 약간의 자폐증이 보였고, 뭐 한 가지를 이해시키기가 힘들 정도로 지능이 떨어져 보였다.

그래서 의사와 의논한 끝에 그가 지닌 장애의 명칭을 발달장애로 바꾸려 하는데 평소 유순했던 그의 보호자인 동생이 불같이 화를 냈다. 그 분노 속에는 당신이 내 형에 대해 뭘 안다고 제멋대로 형을 판단하느냐는 원망이 담겨 있었다. 그는 직접적으로 나에게, 형이 잘못된 병명으로 치료를 받으면 안 된다고 말했다. 그리고 나는 동생을 통해 내가 알지 못했던 피터의 과거를 들을 수 있었다.

피터는 그리 뛰어난 학생은 아니었지만 그리 모나지도 않은 평범한 대학생이었다.

'발달장애라고 단정한 피터가 대학생이었다니……'

친구들도 꽤 있었다. 다들 피터처럼 착한 친구였던 걸로 기억한다고 동생은 말했다. 하루하루 아무 일도 없었고 평범한 대학생으로 친구들과 캠퍼스를 거닐고 있던 어느 날이었다.

어떤 사람이 나타나 피터가 있는 무리에게 권총을 겨눴다. 그리고 방아쇠를 당겼는데 피터 바로 옆에 서 있던 친구가 가슴에 총탄을 맞고 그 자리에서 즉사했다. 순식간에 일어난 일이었다. 범인은 어딘가로 달아났고 경찰은 한참 만에 도착했다. 범인은 나중에도 잡히지 않았다.

상상해보라. 당신이 그 상황에서 친구의 죽음을 목격했다면 어떠했을까? 현실은 영화나 드라마에서처럼 쿨하게 다음 장면으로 넘어가지 않는다. 간발의 차로 폭파되는 건물에서 목숨을 건진 소방관은, 영화에서는 영웅의 모습으로 그려지지만 현실에서는 트라우마로 정신병원을 들락거리며 평생 고통 받는 한 인간일 뿐이다.

느닷없는 총성, 외마디 비명도 지르지 못하고 죽어간 친구의 모습, 아무 일도 없이 묻혀가는 사건을 피터는 생생하게 지켜봐야 했다. 그리고 피터는 순식간에 변했다. 아니 퇴행했다. 내가 처음 진단했던 발달장애의 모습으로.

꿈에서 악당과 동일시된 할아버지

피터의 과거를 알고 나는 이제 피터의 입을 통해 저스틴이 그랬던 것처럼 피터도 악몽에 시달린다는 사실을 알게 됐다.

이미 죽은 할아버지와 아버지가 종종 꿈에 나타나 그를 괴롭힌다는 것이다. 그들은 꿈에서 피터에게 너는 왜 아직 살아 있니, 너는 죽어야 하고 그래야 여러 사람이 편하다고 말했다. 하도 그 악몽에 시달려 혼자 집에 있는 날이면 할아버지 목소리까지 종종 들렸다. 왜 자신을 충격에 빠뜨렸던 친구의 살인자가 할아버지, 아버지의 모습으로 변해 꿈에 나타나는지, 그는 이해하지 못했다.

그런데 그와 여러 차례 깊은 대화를 나눠보니 그가 가장 그리워하고 사랑하던 사람들이 바로 아버지와 할아버지였다. 그들 이야기를 할 때면 그는 종종 많이 울었다. 아무래도 그의 인생에 있어서 가장 큰 충격이었던 살인자와 1년 터울로 세상을 등진 할아버지와 아버지의 죽음은 바로 그 충격이라는 의미에서 공통점을 갖고 있었다.

한없이 약해져버린 정신은 꿈에서 그 충격의 주체를 바꾼다. 이것은 외상후 스트레스장애의 한 증상이기도 하다. 멀쩡한 사람도 무척 피곤하거나 힘든 일이 생기면 순간적으로 돌변한다. 마찬가지로 정신이 감당할 수 있는 범위를 넘는 사건을 겪은 사람은 꿈속에서 사랑하는 사람을 악인으로 변형시켜버리기도 한다. 그것도 반복적으로. 우리 옛 어른들은 이것을 '몸이 허해서'라고 표현했다.

피터 덕분에 나는 좀더 눈을 크게 뜨고 환자들을 관찰할 수 있었다. 그렇게 해보니 피터처럼 마치 정신지체 같은 발달장애 현상을 보이는 환자가 많다는 것을 알았다. 나는 뒤늦게야 느꼈다. 정신이 오랫동안 많이 아픈 사람은 나중에 발달장애 현상을 보이는 경우도 많다는 것을.

그들은 왜 엉뚱했던 걸까?

두 사람의 공통점을 먼저 보자.

- 외상후 스트레스장애

- 자신들이 당했던 사건들에 대해서 굳게 입을 다물고 있는 편이다

■ 사람들을 좋아하면서 무척 두려워한다

■ 잦은 악몽

　저스틴이나 피터나 혼자서는 쇼핑센터의 가게 앞에 그렇게 서 있을
수 있는 사람이 아니다. 하지만 함께 있을 때는 그런 용기(?)가 생겼다.
둘이 그렇게 서서 뚫어져라 쳐다보면 사람들이 슬슬 피해간다고 했다.
둘 다 낯선 사람에게 움츠리고 두려워하다가 그렇게 당당해질 수 있는
그 순간의 즐거움 혹은 쾌감을 그들은 동시에 느꼈다. (하지만 정말 추
천하고 싶은 방법은 아니다.)

　일탈된 쾌락에의 교감자에서 더 나아가 그들은 굳이 서로의 과거를
말하지 않아도 능히 거울을 들여다보듯 상대를 이해하는 일체감도 느
꼈다. 그러니까 둘은 친구 이상의 그 무엇이었던 것이다. 보상심리 외
에도 성욕, 물욕, 출세욕, 꺾어져버린 야망, 복수심, 슬픔, 분노, 환상,
사랑 등의 억눌린 기제들을 거리에서 함께 표출해낼 수 있는 절대적 동
질감.

　인간의 엉뚱함이란 그런 것이다. 잠재돼 있는 무엇인가에 대한 무의
식적인 표현이 바로 엉뚱함이다. 무관심했던 것에 보이는 무서운 집중,
극장 안 혼자만의 웃음은 드러나지 않던 어떤 무의식이 다른 형태로 표
출되는 것이다. 제임스와 피터의 마네킹 놀이처럼(이들의 놀이는 내 경
고 한 번으로 거짓말처럼 멈췄다).

반쪽의 성공?

결론을 말한다면 저스틴의 치료는 성공적으로 진행 중이고 피터는 여전하다. 외상후 스트레스장애로 인해 발달장애 증세가 온 경우는 테라피스트에게도 참 어려운 치료에 해당한다. 아무래도 성공적으로 진행 중인 저스틴의 경우에 맞춰서 치료에 관해 이야기해야겠다.

먼저 나는 저스틴이 수십 년 만에 꺼낸 그의 힘든 비밀에 대해 계속 파고들었다. 어차피 나를 신뢰했기에 그 이야기를 할 수 있었을 테고 말을 시작한 이상 내가 거기에 초점을 맞춘다고 해서 불편할지언정 떠날 리가 없다고 생각했다.

저스틴은 그 이야기와 느낌을 계속 반복할 수밖에 없었다. 비록 짜증을 내기도 했지만 나중에는 점점 자연스럽게 이야기할 수 있을 정도가 됐다. 그런 식으로 미미하기는 하지만 그 사건을 일반화하는 데 성공했다. 물론 이 못된 테라피스트 때문에 수없이 그 고통을 복기해야 했던 점은 미안하고 그래서 더 그에게 감사한다.

다음엔 밤마다 자주 찾아오는 그의 악몽에 대해서도 초점을 맞춰야 했다.

꿈이란 게 도대체 뭔가? 누가 꿈의 스토리를 만드는가? 바로 나 자신이다. 이성이 있다면 내가 조절하겠지만 꿈은 인간의 이성이 없을 때 찾아온다. 세상모르고 잠자는 사람에게 그 순간만큼은 이성이 있을 리 없다. 그렇다면 이런 공식이 성립된다. 잠잘 때 약간의 이성만 가미할 수 있다면 어느 정도 꿈의 조절이 가능해진다는…….

그렇다면 그걸 어떻게 할 수 있는가. 바로 자기 주문이다. 나는 저스틴에게 주문을 외우게 했다. '싸운다. 싸운다. 싸운다.' 그리고 눈을 감게 하고 꿈속의 악몽을 재연하면서 그가 그들과 싸우면서 복수하는 상상을 여러 번 하게 했다. 또 잠들기 전에 그 주문을 항상 외우면서 잠을 자라고 신신당부했다.

이런 일이 실제로 효과가 있다는 것을 많이들 경험해봤을 것이다. 예를 들어서 다음날 아침 일찍 중요한 약속이 있다고 치자. 내일 늦으면 안 된다는 자기 주문과 긴장감이 알람 없이도 다음날 새벽에 눈이 떠지게 한다. 또 간절히 원하는 사람이 있다면 십중팔구 언젠가는 꿈에 나타난다.

물론 잠을 설치게 되는 단점이 있지만 저스틴의 경우는 어차피 악몽 때문에 잠을 설치기는 마찬가지였다. 그렇게 그에게 된다는 희망을 주고 계속 주문을 외우게 하던 어느 날 그가 웃으면서 사무실에 들어왔다.

꿈에서 드디어 그들과 주먹다짐을 하며 싸우기 시작했다는 것이다. 그러다가 두려운 생각이 드는 순간 다시 얻어맞긴 했는데 자신이 맞서 싸웠던 게 너무나 신기했고 주문에 대한 확신과 자신감이 들었다는 것이다.

그런데 그 다음 세션에 그가 우울해하며 찾아왔다. 그들이 이제 꿈에 잘 보이지 않는다는 것이다. 내가 축하할 일인데 왜 우울하냐고 했더니 꿈에서나마 그들을 죽여버릴 기회가 있었는데 이제는 보이지 않으니 서운하다고 했다. 내가 웃자 그도 편안하게 웃었다.

저스틴에게 근처 대학에 있는 볼링수업을 들어보라고 지나가는 말로 했을 뿐인데 정말 그 수업을 신청할 줄은 몰랐다. 그가 예전에 볼링을 좋아했다는 말을 들은 적이 있는데 대학에 수업까지 있다는 걸 알고 대번에 신청한 것이다. 지금도 자주 친구 피터를 데리고 볼링장에 간다고 한다.

웬만큼 규모가 있는 병원들은 항상 연계 프로그램이 많다. 나는 그를 병원 내의 직업훈련Job Coaching 프로그램에 넣어줬다. 저스틴은 그곳을 통해서 파트타임 직장을 잡았다. 본인이 예전에 공부했던 전공과는 아무 상관도 없는 보잘것없는 직장이지만 그는 일을 할 수 있게 된 것이다. 하지만 직장 상사에 대한 엉뚱한 환상이 생각나 현재의 상사와도 마찰이 가끔 생긴다. 그러나 용케 잘 견디고 있다.

그의 사진 찍는 취미에 대해서는 건드리지 않기로 했다. 얼마나 사진에 대한 애환이 많던지 다시 해보지 않겠느냐는 말을 꺼냈다가 지금까지 이뤄놓은 회복이 다 허물어지는 줄 알았다. 음악을 하던 사람들이 가끔 아끼던 악기를 내동댕이친 다음 오랫동안 쳐다보지도 않더라는 이야기도 있으니 그러한 애증과 애환에 대한 반응은 여러 곳에 존재하는 것 같다.

여기까지다. 여기까지 오는데 저스틴은 무수한 어려움을 겪어야 했다. 내 욕심은 언젠가 저스틴이 매일 편안히 잠을 잘 수 있고(지금도 고질적인 불면증에 시달린다), 본인의 전공을 다시 살려서 관련 직장을 잡고 또한 예전의 사진 찍는 취미를 되살릴 수 있으면 좋겠다는 것이다.

단, 그가 히치하이킹 하면서 여행 다니는 일은 다시는 없을 듯하다.

지금까지 길게 외상후 스트레스장애로 고생하는 환자들의 이야기를 했다. 주변에 잘 살펴보면 이 병으로 고생하는 사람이 의외로 많다. 이들에게 필요한 것은 따뜻한 관심과 시선이다.

나부터도 최소한 다른 사람에게 상처주지 않기 위해 조심하려 한다. 초등학교까지 거슬러 뒤돌아보면 내가 본의 아니게 상처 준 사람이 수두룩할 듯하다. 설마 그렇진 않겠지만 다양한 성격의 사람이 사는 이 세상에서 혹시 나 때문에 외상후 스트레스장애 증상까지 간 사람은 없을지, 정신 상담을 하면서 환자들을 볼 때마다 특히 외상후 스트레스장애가 있는 사람들을 볼 때마다 생각한다. 그때마다 나는 움츠러든다.

그리고 이것 한 가지, 인터넷 시대에 혹 내가 남긴 무심한 댓글이 또다른 피터와 제임스를 만들 수 있다고 우려한다면 그 생각은 나의 오버일까, 아니면 충분히 근거 있는 고민일까?

"착한 것, 이 착한 것" 산만한 아이들

상담을 하면서 개인적으로 가장 힘든 대상 중의 하나는 어린아이나 청소년이다. 좀더 정확하게 말해 그들이 힘든 것이 아니라 부모님과의 상담이 더 힘들다.

대부분의 부모는 공통된 특징을 갖고 있다. 하나는 자기 아이의 문제에 대해 지나치게 관대하다는 것이고 또다른 하나는 전문가에게 마술을 기대한다는 것이다.

상담이 필요한 아이들

아이의 심각한 행동에 대해 '약간 평범하지 않을 뿐이야'라고 생각하거나 '곧 나아지겠지'라고 반응하다보니 전문가의 지시를 제대로 따르지 않는다. 심지어는 과민반응을 보이고 화를 내기도 한다. "그런 건 시키지 마세요. 내 아이가 진짜 환자처럼 들리는군요!"

전문가의 과제를 무시하면서도 자신의 아이가 왜 좋아지지 않는지, 테라피스트가 왜 이런 정도의 것도 금방 치료하지 못하는지에 대해 항의한다.

물론 부모의 협조 덕에 성공적인 결과를 얻은 경우가 더 많으니 내가 계속 아이들을 클라이언트로 받을 수 있는 것이지만, 나도 아이를 키우는 입장이라 부모 마음을 잘 알아 상담에 비협조적인 부모를 탓할 수만도 없어 더 괴롭다.

아이를 상담하면서 느끼는 또 하나의 감정은 미국 시스템에 대한 부러움이다. 아이의 정신 상담 분야에 있어 이들은 정말 좋은 정부 시스템과 학교 상담 시스템을 동시에 갖고 있다.

한국을 떠나 있어 더 애국자가 돼가는지 모르겠지만, 나는 점점 더 내 조국 한국이 가지고 있는 역동적인 에너지에 자부심을 느끼게 된다. 그 힘이 많은 분야에서 미국이라는 거인을 따라잡고 있다. 그러나 학교 상담 분야에서 여전히 우리는 후진적이다. 한국에서 보낸 내 학창 시절의 기억 속에도 세심한 관심과 치료가 필요한 급우가 참 많았다. 그러나 그들은 오히려 미움의 대상이 됐다. 그 환경이 지금이라고 특별히 나아진 것 같지는 않다.

주의력 결핍 과잉행동장애ADHD란?

어린아이들과 십대 청소년들이 가장 많이 경험하는 정신적인 병으로, 주의 결여 장애Attention Deficit Disorder, ADD와 주의력 결핍 과잉행동장애Attention Deficit Hyperactivity Disorder, ADHD가 있다.

이번 이야기는 실제 아이를 키우는 부모들에게 큰 관심을 끌 내용이지만 조카가 있거나 이후 부모가 될 젊은이도 알아두면 좋을 것들이다. 그리고 좀 있다 등장할 두 아이, 라파엘과 새미어, 그들의 부모를 이해하기 위해서라도 아래의 내용을 잘 읽어두는 게 좋을 것이다.

요즘 한국 TV에서도 아이의 행동장애를 자주 다루는 것 같다. 〈내 아이가 변했어요〉나 〈긴급출동 SOS 24〉 등에서 폭력적인 아이들을 본 적이 있고 이 가운데 일부는 ADHD 증상을 보이고 있었다.

ADD와 ADHD는 전문가들도 혼동한다. 보통 ADD는 주의집중을 전혀 못 하는 증상이 있고, ADHD는 주의력이 산만한데다가 충동적 행동까지 함께 있는 증상으로 알고 있다. ADHD는 1994년에 ADD에서 좀 더 세분화된 개념으로 분리가 된 것이다.

ADD는 ADHD보다 진단이 어렵다. 일반적으로 어린아이는 집중력이 떨어진다. 게다가 성격차이에 따라 그 강도 또한 천차만별이다. 도대체 어디서부터 어디까지가 임상적으로 ADD라고 할 수 있는지 모호하다. 나는 지금도 ADD만을 정확히 진단할 자신이 없다.

그런데 ADHD는 다르다. 몇 번만 상담해보면 정확하게 알 수 있는 경우가 대부분이다. 눈으로 보이는 이상행동이 나타나기 때문이다. 그래서 내가 치료하는 대부분의 아이는 ADHD 쪽이다.

ADHD는 심각한 병이다

말했듯이 집중력결여와 한 곳에 잘 머물러 있지 못하고 충동을 억제하지 못하는 게 ADHD의 주요 증상이다. 그런데 이렇게만 얘기하면 '아이들이 다 그렇지 뭐' 하면서 대수롭지 않게 생각할 수도 있다. 그러니 좀더 구체적으로 증세를 살펴보면서 이 병이 얼마나 심각한 것인지 알아보자.

- 학교에서 항상 집중을 못 하고 실수를 하거나 문제를 일으킨다.
- 직접 마주보고 대화를 하는데도 자주 딴 짓을 한다. 상대방을 무시해서 그러는 게 아니다. 집중을 할 수 없거나 이야기를 듣지 않기 때문이다. 눈을 정확히 맞추고 이야기하지 않으면 이런 일이 자주 생긴다.
- 무슨 일을 해야 하는지 알면서도 대부분은 하지 않는다. 방 청소나 심부름, 학교숙제 등등.
- 어떤 책임이나 의무 같은 것을 피하거나 싫어한다. 예를 들어 '동생 좀 잠깐 봐라'고 하면 그것도 책임이나 의무와 관련된 중압감이 된다.
- 항상 뭘 자주 잃어버린다. 연필, 책, 장난감, 핸드폰, 돈, 가방, 노트 등 잃어버릴 것은 무궁무진하다.
- 자주 잊는다. 마치 무슨 기억력에 문제가 있는 것처럼 불과 며칠 지난 일조차 제대로 기억하지 못한다. 그런데 기억력 자체는 아무런 문제가 없다.
- 학교 등에서 너무 많이 말하고 떠든다. 수업시간이고 아니고를 가리지 않으니 항상 선생님들에게 요주의 인물이 된다.
- 제자리에 앉아 있지를 못한다.

- 자신의 순서를 기다릴 만큼의 참을성이 없다.
- 다른 사람들을 괴롭힌다. 학급생과 자주 싸우거나 말로써 괴롭히거나 하는데, 다른 사람을 괴롭히지 않아도 ADHD인 아이들이 많으니 '내 아이는 학급에서 인기가 많으니까 아니야'라는 식으로 단순하게 생각하지 않기 바란다.
- 안절부절못한다.

이 항목은 우리가 환자를 진단할 때 쓰는 『정신장애의 진단 및 통계요강』이라는 책에서 뽑아온 것인데, 18개 증상 중에서 11개나 나열했다.

책에서는 '주의력 결핍' 부분의 9개 중에서 6개 이상에 해당하고, 또 '충동과 과잉행동' 부분의 9개 중에서 6개 이상 해당해야 ADHD로 진단된다고 나와 있지만 현실은 꼭 그렇지 않다. 6개 이상이라는 숫자가 의미 있는 게 아니라 해당사항이 많으면 많을수록 ADHD의 가능성이 크다는 말이 더 정확하다.

결국 정확한 진단은 경험 있는 전문가에게 맡기고 독자들은 위에 추려놓은 리스트를 보고 혹시나 하는 마음으로 내 아이나 주변의 아이를 떠올려보기 바란다.

그런데 ADHD의 진단에 있어서 중요한 조건이 네 가지가 더 있다.

- 만 일곱 살 전에 위의 증상들을 보여야 한다.
- 위에 나열한 증상들이 비슷한 또래의 아이들과는 상대가 되지 않을 만큼 정도가 심하다.
- 그런 증상들을 보인 지 6개월 이상 됐다.

- 아이가 관여하는 모든 곳과 사람들, 즉 집, 학교, 친구들, 학원 등 최소한 두 곳에서 아이가 부정적인 영향을 미치고 있다.

남자아이가 여자아이보다 걸릴 확률 2배 높아

한 통계에 따르면 유치원생부터 고등학생까지 아이들 열 명 중 한 명 꼴로 ADHD증상이 있다고 한다. 어떤 통계는 10퍼센트가 아니라 5퍼센트라 하기도 하고 12퍼센트라고 주장하는 사람도 있다. 요점은 ADHD야말로 아이들이 가장 많이 겪는 일반적 장애라는 말이다.

그리고 남자아이가 여자아이보다 이 장애를 겪을 확률이 2~3배 가량 높다. ADHD의 원인 또한 정확히 알려진 것이 없고 여러 가지 추측만 있을 뿐이다. 물론 그 추측은 임상에 기초한 통계에서 나오는 것이니 무시할 수는 없다. 그럼에도 추측이라고 말하는 이유는 '이게 그 이유다'라고 어느 누구도 자신 있게 말하지 못하기 때문이다. 그 추측들을 한번 나열해보자.

- 유전적인 연관성. ADHD를 겪고 있는 아이들의 부모나 가까운 친척 중에 누군가가 또 ADHD를 겪고 있는 경우가 많다.
- 이 병을 앓고 있는 아이들 뇌의 어느 부분이 일반 아이들보다 5~10퍼센트 작다는 연구 결과도 있다.
- 임신 중 흡연과의 연관성도 높게 나타났다.
- 너무 일찍 태어나는 아이들(조산아)과의 높은 연관성은 사무실에 찾아오는 아이들을 통

해서도 여러 번 확인했다.

■ 태어날 때 몸무게가 너무 작았다든지 태어날 때 실수나 사고로 뇌를 다친 것도 높은 연관성이 있다고 한다.

■ 최근의 연구에서는 아이들이 너무 어릴 때부터 TV에 자주 노출되는 게 미래의 ADHD 와 높은 연관성을 보인다는 결과가 있다. 이 연구는 많은 사람의 공감을 얻어서 웬만 한 소아과 계통의 전문가들은 비슷한 가이드라인을 학회로부터 듣고 이렇게 말한다.

'두 살 미만의 아이들을 절대로 스크린에 노출시키지 말 것. TV는 물론 컴퓨터, DVD, 비디오게임도 절대 아이들 있는 데서는 금지', '두 살 이상의 아이들에게는 필요한 내용 을 정해서 한두 시간 정도 스크린에 노출 가능.'

맞벌이가 늘어나면서 육아를 친정이나 시댁에서 책임지는 경우 이런 의사의 권유가 때 때로 모녀 간 혹은 고부 간 갈등의 원인이 되곤 한다. 손자손녀 키우는 것도 힘든데 TV도 못 보게 하는 것을 노인들은 받아들이기 힘든 것이다.

동반되는 증상들과 알아둬야 할 것들

ADHD에는 적대적 반항성 장애Oppositional Defiant Disorder나 행동장애 Conduct Disorder, 우울증이나 조울증, 불안장애, 학습장애 같은 증상이 동반되는 탓에 진단하는 데 있어 무척 헷갈릴 수 있다.

도대체 닭이 먼저냐 알이 먼저냐 하는 고민을 하게 되는데 이럴 때는 ADHD를 더 중점적으로 생각하는 것이 효과적이다. 왜냐하면 이런 부수적 증상들은 ADHD가 있는 아이들에게 흔히 동반되기 때문이다.

그런 동반증상들이 없다고 하더라도 반드시 치료를 받게 해야 한다.

치료를 소홀히 할 경우 성인이 돼서 동반증상들이 오히려 더 큰 문제가 돼 나타날 수 있기 때문이다.

ADHD는 꼭 아이들만의 증상이 아니다. 성인 중에도 ADHD로 고생하는 사람들이 있다. 어릴 때부터 치료를 잘 받고 성인이 되면 이 증상을 아예 떨쳐버리고 잘 살기도 하지만, 보통은 충동과 과잉행동 부분만을 극복하고 주의력 결핍 부분이 남는 경우가 많다.

그나마 ADHD로 고생하는 성인이라고 해서 꼭 뒤처지는 사회생활을 하는 것은 아니라는 점은 다행스럽다. 이들이 자신의 재능을 발견하고 어느 곳에 집중하게 되면 놀라운 능력을 발휘하는 경우를 종종 볼 수 있다. 어딘가에서 읽었던 기억이 있는데 발명왕 에디슨, 천재과학자 아인슈타인, 유명한 사업가 월트 디즈니도 전형적인 ADHD로 고생했다고 한다. 월트 디즈니에 대해서는 잘 모르겠지만 에디슨과 아인슈타인은 다른 정신 병력으로도 유명하다.

ADHD에 대해서 알아둬야 할 중요한 게 또 있다. 바로 아이들의 거짓말이다.

보통의 경우에도 부모는 사랑이라는 이유로 아이의 거짓말을 진실로 믿고 아이는 반복적으로 거짓말을 하는 경우가 있다. 그러나 ADHD가 있는 아이의 거짓말 습관은 양상이 완전히 다르다. 많은 경우 부모가 아예 자신의 아이를 신뢰하지 않는다. 때로는 진실을 이야기해도 믿지 못하는 경우가 많다.

이 아이들은 계속 혼나고 지적을 받아도 거짓말하는 습관은 끝이 없다. 그런데 이들의 거짓말 습관에는 남다른 배경이 있다.

위에서 말했지만 ADHD 증상 중의 하나가 바로 기억을 잘 못한다는 것이다. 기억을 잘 못하니 부모님이나 선생님이 뭘 물어보면 대충 둘러대야 하고 혼나기라도 하면 왜 혼나는지 황당하게 생각할 때가 많다. 사춘기 때라면 그 시기의 반항심리와 겹쳐서 폭력적인 행동을 보이기도 한다.

표현력에 한계가 있는 더 어린 아이들의 경우는 누가 주변에서 제어할 수 없을 정도로 소리를 지른다든지 자신을 때리면서 학대한다든지 하는 반응을 보이다가 오줌을 옷에 싸버리기도 한다. 십대가 오줌을 옷에 싸는 경우도 허다하다. 물론 꼭 반항심리가 아니라도 그런 현상을 보이는 아이들 또한 많다.

라파엘과 새미어 두 아이의 이야기를 통해서 ADHD로 고생하는 아이들과 그 가족의 생활상을 엿보고 어떤 치료를 받아야 하는지에 대해서 좀더 구체적으로 살펴보자.

"내 아이가 ADHD라고요?"

ADHD 치료경험을 되돌아볼 때 가장 생각나는 아이 두 명이 있다. 고등학교 1학년(미국에서는 9학년)이었던 라파엘과 새미어가 그들이다. 둘 다 흑인이었고 홀어머니 밑에서 자랐다. 라파엘의 어머니는 재혼을 해서 당시 라파엘은 의붓아버지와도 2년여를 함께 살고 있었다.

라파엘과 새미어의 어머니는 내게 ADHD에 대해서 수많은 질문을 퍼부었다. 그 두 어머니뿐 아니라 나중에 만났던 같은 증상의 아이 부모들 또한 결국에는 비슷한 질문들을 했다.

그들에게 받았던 중요한 질문 몇 가지를 정리해봤다. 아울러 그 질문에 대한 나의 대답도 함께 정리해봤다. 사실 대답은 내가 했지만 나도 여기저기서 배우고 읽고 외웠던 대답들이기 때문에 정말 내 것은 별로 없다는 것을 미리 밝혀둔다.

Q1. 난 내 아이가 ADHD라는 것을 믿지 않습니다. 집에서 잘 훈육하고 엄하게 하면 산만함이 고쳐지고 집중도 잘할 것입니다. 결국 교육의 문제가 아니겠습니까?

– ADHD라는 건 추상적인 게 아니라 실제적으로 증명될 수 있는 것입니다. ADHD는 신경생물학적인 병입니다. 예를 들어 뇌 사진을 찍어보면 ADHD인 아이들의 뇌는 하얀 안개로 가득 차 있는 듯 보입니다. 반면에 정상적인 아이들의 뇌 사진은 그런 안개 없이 깔끔한 편입니다. 집안환경의 교정이 도움은 되겠지만 근본적인 치료와는 거리가 있을 수 있다는 점을 말씀드리고 싶습니다.

Q2. 아이들이 대부분 활동적이고 집중 못 하고 그러는 거 아닙니까? 난 내 아이가 건강한 것 같아서 오히려 기분이 좋을 때도 있습니다. 이 정도쯤은 감당할 수 있는데 아이 학교에서 치료받고 오라더군요.

– ADHD로 판정된 아이들이 치료를 받지 않으면 나중에 우울증이나 불안증, 반사회적 장애, 약물중독, 알코올중독으로 발전될 가능성이 큽니다. 시간이 지나면서 증상이 바뀔 수 있지만 근본적으로 ADHD 자체는 그냥 없어지기 힘듭니다.

Q3. 꼭 약물치료도 함께 해야 되나요? 어린아이한테 정신과 약을 주는 게 부모로서 도

저히 내키지 않아요.

- 그 마음 충분히 이해합니다. ADHD는 신경생물학적인 병이라고 말씀드렸습니다. 맞는 약을 찾을 수만 있다면 분명히 엄청나게 좋은 방향으로 바뀔 것입니다. 약은 아이의 뇌 화학요소들의 분량을 맞춰줍니다. 그걸 통해서 행동을 절제하는 능력이 향상되는 것입니다. 더군다나 라파엘과 새미어처럼 증세가 심한 경우에는 반드시 약물치료가 필요합니다. 그리고 약을 통해 좋아졌다고 치료를 소홀히 해서도 안 됩니다. 두 가지가 조화를 이루면서 아이를 도와줘야 합니다.

Q4. 그렇다면 학교 갈 때만 약간의 약물을 줄게요. 집보다는 학교에서 문제를 많이 일으키니까요.

- ADHD는 학교뿐 아니라 아이 생활 전반에 걸쳐서 영향을 미칩니다. 학교에서만 문제를 일으킨다는 생각은 위험합니다.

라파엘 이야기

라파엘은 하루가 멀다 하고 싸움질을 했고 학교로부터 정학을 당했다. 게다가 용돈이 궁한 것도 아닌데 가게에서 물건을 훔치는 일이 잦았다. 어떤 때는 경찰에 잡혀 부모에게 전화가 오는 일도 종종 있었다. 학교에서는 아예 요주의 인물로 찍혀서 라파엘이 떠들든 말든 선생님들은 신경도 쓰지 않았다. 단지 사고가 나면 부모가 불려갔고 정학통지를 받아야 했다.

정학을 맞고 집에 있는 날에 라파엘은 비디오게임에만 열중하며 시간을 보냈고 밖에 나가서 친구들과 잘 어울리지도 않았다. 어울릴 줄 몰라서가 아니라 친구들이 그를 피했다. 자기 기분에 따라 주먹이 날라오니 좋아하는 친구가 있을 리 없었다. 집에서는 부모와의 트러블이 잦았다. 특히 의붓아버지와는 몸싸움까지 할 정도로 사이가 좋지 않았다. 그의 어머니 말에 따르면 집 벽에는 구멍이 여러 개 나 있었다. 라파엘이 화가 날 때마다 벽을 주먹으로 치며 뚫어놓았기 때문이다.

그런데 의외였다.

라파엘과 처음 만났을 때 그는 놀라우리만큼 집중을 잘했다. 이 아이가 정말 ADHD인가, 의심이 들 정도였다.

그러나 의외는 아니었다.

경험이 좀 쌓이고 느낀 것이지만 ADHD가 있는 중·고등학교 아이들과 일대일로 마주 앉아서 이야기하면 평소의 행동과 다르게 그들은 집중을 할 줄 안다.

그런데 그의 부모가 이야기하는 것을 들어보면 영 딴판이다. 매주 라파엘은 한두 가지씩의 사건을 들고 나타났다. 내가 테라피스트로서 어떤 치료를 시도했는지 뒤에서 말하겠지만 사실 집이나 학교에서 그는 아무것도 변한 게 없었다. 나는 결국 약물치료를 강력하게 권장했다.

약물치료를 시작한 지 얼마 되지 않아서 라파엘의 어머니가 상기된 표정으로 이렇게 말했다.

"내가 약병에다가 기적miracle이라고 써 붙였어요. 아이가 완전히 변했어요. 더이상 싸우지도 않고 집 벽에다가 구멍을 낼 만큼 화를 내지도 않아요."

그의 어머니가 기뻐하는 데 재를 뿌리려 했던 것은 아니지만 나는 솔직히 말했다.

"약이 효과가 있을 때 그 효과가 정말 오래간다면 성공한 것이지만 현실은 그렇지 않습니다. 몇 달이 지나 아무리 약을 먹어도 예전의 모습으로 돌아가는 경우를 많이 봤습니다. 그때는 약의 종류나 분량을 바꾸든지 해야 할 겁니다. 아직 기뻐할 때가 아니라 이제부터 치료를 시작한다고 생각해주십시오."

이렇게 말하고 이제부터 내가 시키는 대로 해주기를 신신당부했다. 그런데 라파엘의 부모는 내가 시키는 일에 너무나 비협조적이었다. 어떤 과제물을 내주면 단 한 번도 제대로 해온 적이 없었다. 도대체 왜 아이를 데리고 나를 찾아오나 하는 회의가 들 정도였다. 내 말을 들은 거라곤 한 달에 한 번 의사를 찾아가 약 처방을 받는 일밖에 없었다. 치료에 비협조적인 것이야 부모들 본인의 선택이니 더이상 강요할 수가 없었다.

그렇게 딱 3개월 정도가 지나자 우려했던 사태가 벌어지고 말았다. 라파엘이 예전의 문제아로 돌아가기 시작했던 것이다. 의사가 재빨리 약을 바꿔보았지만 이번에는 아무 소용이 없었다. 아마도 약에 대한 면역이 생긴 것 같았다. 그렇다고 너무 강한 약을 처방해주는 모험을 할 정신과 의사는 매우 드물다. 혹 약에 의해서 부작용이라도 생기면 본인의 면허증을 걸어야 할 일이 발생할 수도 있기 때문이다. 더군다나 미국은 사소한 일에도 고소하고 배상받으려는 문화가 있다. 따라서 의사들은 이런 문제에 더 민감할 수밖에 없다.

결국 약에 대한 라파엘 부모의 신뢰는 떨어지기 시작했고 나중에는 약을 먹이는 둥 마는 둥 했다. 그러다가 정말 큰 사건이 벌어졌다.

그날 학교에서는 아무도 라파엘에게 잘못한 사람이 없었다. 한 남자 선생님이 라파엘에게 여느 때처럼 떠들지 말라고 소리쳤을 뿐이다. 하기야 미국 선생들은 고함을 정말 위압적으로 지른다. 예전에 고등학교 서너 곳을 방문했다가 정말 기절할 뻔했다.

아무튼 그렇게 항상 있던 일인데 그날따라 라파엘은 소리 지르는 선생님에게 화가 나는 걸 억누를 길이 없었다고 했다. 그가 선생님의 얼굴과 배를 가격한 것이다. 순식간에 학교의 안전요원들이 달려와 라파엘을 붙들었다. 그런데 덩치 큰 라파엘은 더 화가 나서 괴성을 지르며 난리를 쳤다. 결국 경찰이 나타나 어린 라파엘에게 수갑을 채웠다.

연락을 받은 그의 어머니와 의붓아버지가 달려갔을 때 수갑이 채워진 라파엘은 아직도 진정하지 못하고 사람들에게 욕을 퍼붓고 있었다. 내게 연락이 왔을 때 나는 그를 병원에 데려가 입원시키라고 했다. 라파엘은 단 이틀 병원신세를 지고 나왔다. 학교에서는 라파엘에게 무려 한 달의 정학처분을 내렸다. 아마도 퇴학을 시키고 싶었겠지만 ADHD라는 장애를 공식적으로 달고 있는 학생을 퇴학시키지는 못했을 것이다.

병원에서 나온 라파엘을 데리고 그의 어머니와 의붓아버지가 찾아왔다.

"오늘이 마지막이요. 내가 할 말이 있어서 이렇게 따라왔소."

거의 상담실을 찾아오지 않던 그의 의붓아버지가 화난 표정으로 다

덩치 큰 라파엘이 우는 걸 그날 처음 봤다. 어린애처럼 콧물을 흘리며 흐느끼는 소리까지 냈다.

짜고짜 말했다.

"당신 지금까지 라파엘을 위해 한 일이 뭐요?"

의붓아버지가 이후 나에게 퍼부은 말들은 차마 옮기지도 못하겠다. 내 말은 한마디도 듣지 않은 채, 내게 소리를 지르며 욕지거리를 했고 사무실을 뛰쳐나갔다는 사실만 적겠다. 라파엘의 어머니는 벌벌 떨면서 미안하다는 말만 반복했다. 더이상 이 아이와 내가 할 일이 없겠구나, 나는 그 생각만 했다. 마지막으로 라파엘과 할 이야기가 있으니 그의 어머니에게 로비에서 기다려달라고 말했다. 그리고 라파엘과 마주 앉았다.

"라파엘, 난 네가 얼마나 착한 아이인지 잘 알고 있단다."

진심이었다. 예전 어느 날 숙제로 내준 그의 일기장에는 고운 글씨로 이렇게 쓰여 있었다.

"빨리 돈을 벌고 싶다. 엄마 집도 사주고 동생들 대학도 보내주고 싶다. 크리스마스 때마다 나는 선물을 나눠주고 싶다. 그런데 나는 아무것도 할 줄 모른다. 이렇게 살아야 하나."

"제가 잘못했어요. 아시잖아요. 나 가끔씩 그렇게 미쳐버려요. 이제 그러지 않을게요."

"라파엘. 내가 오히려 미안하다. 그리고 오늘이 너와 내가 만나는 마지막 날인 것 같다. 내가 아무것도 해주지 못했다. 지금 내가 마지막으로 하는 말 꼭 기억하기 바란다. 너는 글을 매우 잘 쓴다. 단 한 글자도 틀린 것을 본적이 없다. 그리고 네 또래에 비해서 일기장의 내용도 훌륭해. 도저히 다른 과목에 집중하지 못하겠으면 영어 한 과목이라도 집중을 해라. 그리고 내 말을 믿어. 누가 뭐래도 너는 착한 사람이다. 너 자신도 그렇게 믿는 게 중요해. 알았지?"

"네……."

덩치 큰 라파엘이 우는 걸 그날 처음 봤다. 어린아이처럼 콧물을 흘리며 흐느끼는 소리까지 냈다. 나도 뜨겁게 넘어오는 뭔가를 삼키며 속으로 이렇게 되뇌었다.

'이 착한 것, 이 착한 것……'

새미어 이야기

라파엘에 비해서 새미어는 별 사연이 없다. 그리고 생각해보니 새미어가 라파엘과 비교의 대상이 되는 건 무리인 듯하다.

새미어는 그의 할아버지와 할머니 그리고 어머니의 사랑을 듬뿍 받고 있는 외동아들이다. 이혼을 하기는 했지만 그의 아버지도 일주일에 세 번은 그와 함께 시간을 보낸다. 거기다가 넓은 개인 집에 산다. 라파엘은 방이 단 두 개인 아파트에서 동생과 형들, 부모까지 합해 무려 여덟 명이 생활했다. 게다가 의붓아버지와는 하루가 멀다 하고 싸웠고 다른 형제들에게도 외면을 당했다. 라파엘의 의붓아버지는 내게 틈만 있으면 이렇게 말했다.

"나는 약이나 정신치료 같은 것을 믿지 않소. 나도 라파엘을 사랑하지만 그 아이를 위해서 가장 좋은 방법은 그를 소년원에 보내서 정신 차리게 하는 것이오. 당신이 정말 도와주고 싶으면 그런 곳을 찾아 라파엘을 보내주는 것이오."

반면에 새미어의 어머니나 아버지의 반응은 이랬다.

"우리는 정신치료에 대해서 100퍼센트 믿습니다. 뭐든지 지침대로 할 거고 아이를 위해서 할 수 있는 일은 다 하겠습니다. 도와주십시오."

라파엘과 비교해 새미어는 훨씬 덜 폭력적이었다. 하지만 쉴 새 없이 떠들고 제자리에 똑바로 앉아 있질 못해서 많은 사람의 애를 먹였다. 게다가 거짓말을 너무나 많이 해서 부모조차도 뭐가 진실인지 헷갈려 했다. 학교 과제물은 대부분 제출하지 못했다. 본인 말에 의하면 항상 어디다가 잃어버리기 때문이라고 했다. 이 점도 라파엘과는 다른 부분 이다. 라파엘은 거짓말을 거의 하지 않았다.

새미어의 치료는 이런 식으로 진행됐다.

• 개인교육계획 조직

개인교육계획Individual Educational Plan, IEP이라는 시스템이 미국의 초·중·고등학교에는 구비돼 있다. 아이에게 어떤 장애가 확인되면 테라피 스트, 학교 상담가, 각 분야의 선생님들 그리고 교육청에서 파견된 전 문가 등이 한 아이를 위해 팀을 구성한다. 그리고 그 아이를 위해 구체 적인 교육 계획을 짜고 몇 달 후에 그 계획을 얼마나 성취했는지를 평 가하기 위해 또 미팅을 한다. 또한 필요에 따라서 학교 밖 사설기관의 도움을 받을 수 있게 연계도 해준다. 돈은 교육청에서 다 지불한다.

새미어의 부모에게 편지를 써주며 학교에서의 IEP팀을 구성하라고 말하니까 순식간에 해결했다. 물론 병원에 가서 필요한 테스트 결과까지 충분히 구비한 것은 물론이다. 이렇게 해서 새미어는 예전과는 아주 다른 종류의 지원을 여러 사람에게서 받기 시작했다.

• 학교 선생님들과의 의사소통 시스템 개발

나는 IEP팀을 통해 학교 선생님들이 새미어의 어머니에게 매일 새미어가 어떻게 학교생활을 했는지 그리고 과제물은 무엇인지를 이메일을 통해 보고하도록 부탁했다.

IEP팀은 교장에게 알렸고 교장은 선생님들에게 실행에 옮기라고 지시했다. 미국에서도 교장의 카리스마가 대단한지 1년이 지난 지금까지도 거의 빠지지 않고 선생님들이 새미어 어머니에게 매일 이메일로 보고한다. 그러자 새미어는 학교 일에 대해 거짓말을 할 여지가 없어졌고 그의 어머니는 매일 새미어의 과제물을 도와주고 챙겨준다. 개인 가정교사까지 교육청에서 파견해주는 덕에 그의 어머니는 큰 고민 없이 과제물을 매일 해결하고 감시할 수 있게 됐다.

• 규칙적인 일과

ADHD 치료에 있어서 가장 강조되는 것 중의 하나가 바로 '규칙적인 일과routines' 다. 이는 어떤 정해진 시간과 정해진 장소에서 무엇인가를 하게 하는 것이다. 새미어의 어머니는 지난 1년간 이 규칙을 지켰다.

• 조직화

하루의 계획표를 만들어 그날의 할 일을 기록하고 끝마친 일을 체크할 능력을 말한다. 나는 매주 이 계획표를 줄기차게 리뷰했고 강조했다. 처음에는 잘 잊어버리곤 해서 못 하더니 한 6개월 정도 후에는 내 도움 없이도 혼자서 훌륭한 계획표를 짜고 그 계획대로 일을 마치는 새미어의 모습을 볼 수 있었다.

• 상과 벌

예를 들어 과제물을 마치면 30분 동안 좋아하는 비디오게임을 하게 해준다든지 할 일을 하지 않으면 아예 게임을 못 하게 한다. 생활 속에서 찾아보면 아이에게 줄 상과 벌은 너무도 많다. 이런 상과 벌에 대한 목록을 그의 부모님과 만든 다음 곧바로 적용하게 했더니 위에서 말했던 규칙적인 일과와 조직화를 더 잘 하게 됐다.

• 약 처방

새미어의 부모와도 이 문제로 약간 마찰이 있었지만 결국 정해준 정신과 의사를 찾아가 약을 받아먹기 시작했다. 위에서 말한 다섯 가지는 약을 먹기 시작한 다음 아이의 행동이 진정이 됐을 때 시작한 일들이다. 라파엘과는 달리 1년이 지난 지금까지도 새미어는 약에 대한 반응에 있어서 어떤 악화나 쇠퇴증세를 보이지 않는다.

• 가족상담

　주로 새미어 가족들에 대한 교육에 집중했다. 항상 아이가 잘한 일이나 계획대로 마친 일에 대해서 칭찬해줄 것. 얼마나 아이를 사랑하는지에 대해 애정표현을 자주 하되 불편해하지 않을 정도로 할 것. 절대 아이를 피곤하게 하지 말 것. 할 일을 마치지 못하는 날이 있어도 정해진 시간에 일찍 재울 것. 어떤 일이 있어도 계획한 일들에 대해서는 지속성을 가지고 유지시켜나갈 것. 아이에 대한 어떤 계획이 바뀌어야 할 경우엔 유연하게 대처해 새 계획을 세워나갈 것.

　이렇게 1년이 조금 넘게 치료했다. 가장 고생했던 사람은 나도 아니고 새미어도 아니라고 생각한다. 그의 어머니가 제일 고심했고 그의 아버지 또한 대단한 열성을 보였다. 지난 1년여 동안 계획에 대해 빈틈없고 변함없는 지속성을 보여준 부모의 모습은 경이로움 그 자체였다.

　지금 새미어를 보고 있으면 정말 멀쩡해 보인다. 그의 IEP팀이 계속 유지돼야 하는가라는 생각이 들 정도였다. 거기다가 지금은 그의 부모가 ADHD에 대해서 더 전문가가 된 듯하다. 내가 다른 아이를 치료하다가 궁금한 게 있으면 그들에게 질문을 할 정도다. 이 정도면 이제 치료를 그만 받아야 하는 것 아닌가라는 생각이 들기도 했지만 새미어의 부모는 정색을 하면서 말했다.

　"ADHD는 규칙적인 일과가 없거나 깨질 때 또 재발할 수 있는 겁니다. 아이에게는 일주일에 한 번 테라피스트를 보러 오는 것 자체가 또 그 아이의 일과입니다. 이제 일 년 조금 더 지났습니다. 아직 그 일과를 깰 때가 아닙니다."

"아이쿠, 사부님들"

지금까지 ADHD에 대해 이야기했다. 아이의 ADHD치료에 있어서 부모의 역할이 얼마나 큰지 여러분도 알게 됐을 것이다.

나 개인적으로는 치료에 성공하고 있는 새미어보다는 라파엘에게 더 정이 갔다. 아마도 아쉬운 게 많아서일 것이다. 정말 라파엘에게 해줘야 할 일이 많았지만 아무것도 해주지를 못했다. 새미어에게 했던 것 같은 계획들을 적용시키려 했지만 무슨 일을 하려고 하면 꼭 막혀버리고 마는 그의 환경이 너무 아쉬웠다. 그런데 더 아쉬운 건 내가 도와줄 수 있었을 거라는 생각이 떠나지를 않는다는 것이다.

그런데 어느 날 라파엘에게 전화가 왔다. 나는 반갑기도 하고 놀라기도 했다.

"선생님 안녕하시죠? 그냥, 고맙다고요. 그리고 다시는 내 인생에 다른 테라피스트를 보는 일이 없을 거라고 어머니에게 말했습니다. 안녕히 계세요."

아이쿠. 이 녀석이 사실은 사랑에 목마른 놈이었구나. 치료니 뭐니 다 집어치우고 그냥 형처럼 이야기했어야 하는 건데, 내가 도와줄 수 있었는데…….

십대가 굉장히 민감한 시기라는 것은 누구나 안다. 그런데 그들이 어느 날 성격이 변한다거나 엉뚱한 행동을 하면 부모는 참 속상해한다.

갑자기 일어나는 그러한 십대들의 행동이나 마음 상태를 임시 우울증이라 부른다. '임시'라는 말이 붙은 이유는 대부분의 경우 잠시 왔다가 지나가기 때문이다.

하지만 지속기간이 2주가 넘는 경우가 많아 그냥 우울함이 아니라, 우울증으로 분류하기는 한다. 그런데 이 임시 우울증은 잠시 왔다가 가는 것처럼 또 찾아온다. 청소년의 임시 우울증은 사실 별다른 이유가 없는 경우가 많은데 주변 사람들이 무슨 일이냐고 하도 다그치니까 억지로 이유를 만들어대고 부모는 고개를 끄덕인다.

그렇다고 이유가 아예 없는 건 아니다. 이유가 있을 수도 있다. 그리고 그 주제들은 대부분 비슷하다. 사랑, 낭만, 외로움, 죽음, 답답함, 자유, 외모 등등. 가장 좋은 치료 방법은 그들과의 대화다.

부모가 너무 만만하면 십대들은 그들과 대화하기 싫어한다. 매일 편하게 장난치고 농담하며 놀던 부모와 갑자기 심각한 대화를 하려면 분위기 잡히겠는가? 나 같아도 그런 생각이 들겠다. 오히려 너무 편안한 것보다는, 권위와 사랑을 적당하게 배분하는 부모에게 이들은 고민을 털어놓는다.

십대는 의외로 단순하다. 자주 깊은 대화를 하면 할수록 그들의 얼굴은 편안해진다. 여기서 조심해야 할 일이 있다. 대화상대로 이성을 짝지어주는 것은 좋은 생각이 아니다. 단순한 아이들은 나중에 대화상대에 대한 '사랑' 때문에 임시 우울증을 다시 겪게 된다.

결국 권위와 사랑이 적당하게 배분된 엄마 아빠만한 이상적인 대화상대는 없다. 부모가 대화에 자신이 없으면, 선생님을 어떻게든 구워삶아서 편하게 대화하도록 해야 한다. 요즘에는 한국에도 각 학교마다 전문 상담자가 배치돼 있는 걸로 알고 있는데 그런 학교 시스템을 이용하는 것도 괜찮겠다.

펜턴 박사 살해사건과
버지니아 총기사건

　조승희 사건은 세계를 놀라게 했다. 내가 개인적으로 받은 충격도 엄청났다.

　그가 한국인라는 것에 더해서 버지니아공대가 내가 사는 메릴랜드주에서 차로 25분 거리에 있는 이웃이라는 것, 메릴랜드를 포함한 워싱턴지역 사람들이 이 학교를 지원하지 않으면 학교 운영이 어려울 것이라는 농담이 나올 정도로 많은 고등학생이 가는 곳이 버지니아공대라는 점, 조승희의 집도 내가 사는 동네와 불과 40분 거리라는 공간적 동질감 등이 충격의 강도를 더했다.

　언론은 이 사건을 "버지니아공대의 학살"이라는 말로 표현했다.

　학살이라는 단어가 주는 뉘앙스는 너무나 섬뜩했다. 그 섬뜩함에 비례해서 다른 한인처럼 나도 두려움을 느꼈다. 특히 아랍인들이 9·11 테러 이후 겪었던 불공평한 일들이나 지난번 LA 폭동 때의 일들이 주마등처럼 스쳐 지나갔다. 나는 조심스럽게 병원 사무실에서 워싱턴포스트

닷컴Washingtonpost.com을 찍었다.

거기에 벌써 올라와 있는 수백 개의 댓글들. 한국인에 대한 이야기는 뭐가 있으려나. 각오해야지. 이러면서 댓글들을 읽어나갔다. '한국인 조승희'라는 발표가 있은 직후의 기사 댓글이었으니 미국인들의 흥분 상태가 최고조였을 때다. 그러나 놀랍게도 한국인에 대한 비난은 정말 찾기가 힘들었다.

나도 미국직장에서 일하며 미국인과 부대끼면서 미국인을 나름대로 안다고 생각했는데 댓글을 보면서 그리고 한국인이 보이는 과잉된 민족주의에 오히려 유감을 표시하는 미국 언론을 보면서 내가 미국인을 몰라도 너무 몰랐다는 생각을 했다.

이후 조금은 차분해진 마음으로 이 사건을 접할 수 있었다. 그런데 자꾸 귀에 거슬리는 단어가 방송을 통해 반복돼서 들려왔다.

'우울증depression.'

예전에 조승희가 우울증 치료를 받았고 우울증 약을 복용했다는 내용이었다. '웬 우울증?' 나는 이렇게 생각했다. 그가 이 엄청난 일을 저지른 이유가 우울증 때문이었을까? 나는 아니라고 생각했다. 내가 그렇게 확신을 가졌던 것은 6개월 전에 살해된 나의 동료 펜턴 박사 때문이었다.

19살 청년에게 살해당한 닥터 펜턴

작년 노동절 연휴 때였다. 집에서 쉬고 있는데 동료 테라피스트인 패트리시아에게 전화가 왔다.

"뉴스 봤어? 펜턴이 살해당했대!"

바로 워싱턴포스트 사이트에 들어가봤다. 거기에는 이런 말이 타이틀로 적혀 있었다.

"저명한 정신과 의사 살해당하다."

믿어지지 않았지만 사실이었다. 그가 죽은 것이다.

그는 병원 의사들과 테라피스트들의 희망이었다. 우리 스스로 해결할 수 없는 고민이 있을 때면 맨 마지막으로 달려가는 곳은 그의 사무실이었다. 국립정신보건원NIMH의 부소장을 역임했고 중·고등학교 교과서 저자 중의 한 사람이기도 했으며 수많은 유명한 논문의 저자이기도 했던 정신분열증의 권위자. 그가 누군가에게 비참히 살해당한 것이다.

사건의 경위는 이러했다.

일요일 펜턴에게 어느 의사로부터 자신의 환자를 급히 봐달라는 연락이 왔다. 환자는 열아홉 살의 남자였다. 자기 아버지와 함께 왔는데 상담실에는 환자만 들어갔다. 환자와 펜턴 사이에 어떤 말이 오갔는지 모르지만 환자는 느닷없이 주먹으로 펜턴의 얼굴을 가격했고 손에 피를 묻힌 채 상담실을 나오는 아들을 아버지가 경찰에 신고했다.

그의 죽음이 나를 포함한 많은 이의 기억 속에서 가뭇하게 사라지기 시작한 지난달, 그러니까 그의 죽음 이후 6개월이 지나서 펜턴을 살해한 자의 재판이 있었다.

러시아의 유명한 과학자인 범인의 아버지는 미국으로 이민을 와 미국에서 교육을 받고 자랐다. 그러니까 범인은 이민 1.5세대인 셈이다. 아버지는 아들의 행동과 심리에서 뭔가 이상한 느낌을 오래전부터 받아왔고 치료를 위해 노력했다. 하지만 아들은 자신이 정상이라며 치료를 거부했고, 힘들게 아들을 데리고 간 병원에서도 입을 봉하고 앉아 있는 환자를 의사가 어찌할 도리는 없었다. 결국 그 의사가 할 수 있는 최선의 선택은 펜턴 박사를 추천하는 것이었다.

그런데 이 열아홉 살 청년은 왜 펜턴을 죽였을까?

바로 자신을 괴롭히는 목소리와 자신의 세계 때문이었다. 약을 먹고 있지 않던 청년은 그 증상이 너무나 심해진 정점에서 펜턴을 대면한 것이다. 그가 어느 순간부터 들던 목소리는 이러했다.

'나는 내 몸에 갇혀 있어. 나를 구해줘 제발! 나를 구원해줘. 나에게 자유를 줘. 도와줘.'

펜턴을 대면했을 때 그는 펜턴의 영혼으로부터 저 목소리를 강렬하게 들었다. 구원해달라고 말이다. 이 청년은 드디어 실행에 옮기게 된다. 살인의 방법으로.

청년은 법원에서도 조금의 표정 변화 없이 너무나 침착했고 죄의식도 찾아볼 수 없었다고 한다. 그는 끝까지 자신이 펜턴의 육체를 죽임으로써 그의 영혼을 구원했다고 믿고 있었다. 너무나 당당히 또박또박 살해 이유를 밝히는 범인에게 내린 법원의 결정은 이러했다.

'정신병원에 들어가 살면서 아주 오랜 기간 치료 받을 것을 명령함.'

아아, 조승희

닥터 펜턴 살인사건의 재판이 있었던 게 바로 2007년 3월이었다. 내 눈에 조승희는 펜턴을 죽인 그 청년과 너무나 유사해 보였다. 성장환경도 살인도 말이다. NBC 방송국에 조승희가 보낸 영상들을 보니 내 생각은 더 확실해졌다.

조승희. 그는 바로 편집성 정신분열증을 앓고 있었던 것 같다.

정신분열증은 증세에 따라서 여러 가지로 나뉘는데 '편집성paranoid' 성향이 있는 정신분열증은 더 의심이 많고 무척 집요한 특성이 있다.

도대체 정신분열증 치료를 받아야 할 사람이 왜 우울증 치료를 받았다는 것인지 난 그게 궁금했는데(우울증 치료에 대한 언론의 보도들이 사실이라면), 아마 그의 강한 편집성이 자신의 정신분열증을 전문가들에게 숨기게 할 정도로 집요하지 않았나 생각한다. 조승희가 만났던 의사한 사람은 그가 아무런 문제가 없다는 결론까지 내린 적이 있다니 정말로 그랬을 수도 있다는 생각이 든다.

또는 우울증에서 정신분열증으로 증상이 악화된 이후, 조승희는 분열증에 적합한 치료를 전혀 받지 않았다는 추측이 가능해진다. 우울증도 정신분열증의 한 증상이다. 우울증을 심하게 앓다 보면 그게 정신분열증으로까지 발전하는 경우가 있다.

언론에 의하면 조승희는 아주 어릴 때부터 말도 잘 하지 않았고, 사람들과 눈조차 잘 맞추지 못했다고 한다. 약간의 자폐증 증세도 있었던 것 같고 미국에 건너와서는 중·고등학교 때 친구들의 놀림감이었다는 동창들의 증언도 있다.

내가 테라피스트로서 못내 아쉽고 죄의식을 느끼는 부분도 이것이다. 물론 그가 우울증적인 요소를 많이 갖고 있었다 해도 누군가는 그의 편집성 정신분열증에 주목했어야 했다. 아마 그랬다면 아무런 약도 치료도 없이 그렇게 방치된 채 캠퍼스를 활보하며 자신의 병을 키우지는 않았을 것이다. 조승희는 외톨이였기에 그가 우울증에서 정신분열증으로 진행되는 동안 그것을 지켜본 사람이 아무도 없었던 것이다.

테라피스트의 또다른 자괴감

고백하자면, 나는 조승희에게 죄를 지은 사람일 수도 있다.

조승희는 이곳 워싱턴지역에서 중·고등학교를 나오고 버지니아공대로 갔다. 그의 부모와 누나, 조승희 자신은 북 버지니아의 패어팩스Fairfax라는 곳의 센터빌Centreville 지역에서 살았다.

이곳 워싱턴지역에서 개인 오피스를 차려놓고 환자를 받는 한국인 테라피스트는 많지 않다. 드물다고 해서 오피스가 한국인들로 꽉 차는 것도 아니다. 나의 예를 보더라도 특별히 한국인들에게 광고를 하는 것도 아니다.

한국인이 사무실에 찾아오는 경우는 많지 않지만 전화는 좀 오는 편이다. 전화가 오면 분류작업screening을 하고 내가 내 개인 클리닉에서 그 환자를 치료하기로 결정할 것인가 거절할 것인가를 결정한다. 좀 어려운 증상은 내 개인 사무실이 아니라 병원을 추천한다.

지금 와서는 내가 누구를 거절했으며 어떤 사람이 예약을 해놓고 나타나지 않는지 일일이 다 기억할 수가 없다. 그런데 센터빌이라는 지역 하나는 확실히 기억한다. 센터빌에서 지금까지 여러 명이 전화를 했고 내가 치료를 했고 그리고 내가 거절을 한 사람도 있다. 만에 하나 내가 거절했던 사람이 조승희와 연관되는 사람이었다면? 나는 뉴스에서 센터빌이라는 말을 듣는 순간 온갖 생각에 시달려야 했다. 급기야는 이런 망상에도 시달렸다.

　'내가 만약 센터빌에서 연락 왔던 사람들을 거절하지 않았다면, 내가 그들을 내 환자로 받아서 치료에 최선을 다했다면, 이 비극이 없었을 수도 있었는데.'

　그런데 한순간 또 이런 생각도 했다.

　'내가 죽을 수도 있었겠구나, 펜턴처럼.'

　더불어 유독 조승희를 향한 나의 태도에 많은 모순이 발견되는 것도 부끄럽다.

　나는 내 동료 펜턴의 범인에 대해 학술적으로 접근했다. 그러나 조승희에게는 그렇게 하지 못했다. 생각해보니 매우 단순하고 어처구니없는 이유다. 그가 내 민족이기 때문이다.

　나는 내가 민족주의자는 아니라고 생각했다. 그런데 이 타향의 TV에서 한국인 조승희가 악에 받혀서 총을 들고 횡설수설하는 모습을 보는 순간 나처럼 생긴 그가 무척 불쌍하고 안타까웠다. 또 그를 위해 이민 생활의 고달픔을 겪었을 그의 부모가 내 부모처럼 느껴졌다.

아, 인간은 다 같은데 누구보다 인간에 대해 공정해야 할 나 같은 테라피스트가 이게 무슨 꼴이란 말인가.

그럼에도 이 글을 쓰는 이유는 그냥 내 감정에 충실하면서 부족하면 부족한 대로 독자들과 솔직한 교감을 하는 게 내 도리라고 생각하기 때문이다. 물론 나의 이런 모순된 점은 테라피스트로서 꼭 극복해야 할 숙제다.

"미안해, 난 너희와 다른 미숙아였어"

아무런 죄도 없이 무참히 꺾인 32명의 희생자를 생각하면 가슴이 찢어질 듯 아파온다. 또다른 조승희가 나오지 않기 위해서, 너무나 교과서적인 결론이지만 사회적인 계몽과 인간 사이의 애정이 정말 필요하다.

정신적으로 아픈 사람들에게 너도나도 더 신경 써주는 그런 사회. 그러기 위해서는 더 많은 사람이 정신병이라는 것에 익숙해져야 하고 일반적인 것으로 생각해야 한다. 그리고 더 많이 아픈 사람일수록 그들과 소통하는 사람이 많아져야 한다.

조승희가 아무리 어릴 때부터 자폐증이 의심될 정도로 타고난 고독자였다고 하지만, 단 한 사람이라도 그가 숨 쉴 곳이 있었다면 어땠을까 생각해본다. 물론 그의 가족도 그걸 못 했고 그의 증세가 너무 심해서 결과가 바뀌지 않았을지도 모른다.

하지만 꼭 조승희만 생각하지 말고 더 많은 사람을 생각해보자. 우리 한 사람 한 사람이 구할 수 있는 이가 내 주변에 얼마나 많겠는가를 생각해보면 소름이 끼칠 정도다.

조승희 사건을 접한 아내가 인터넷에서 무엇을 봤는지 울면서 나에게 보라고 했다. 한 인터넷 사이트에 익명으로 떠도는, 조승희에 관한 시였다.

누군가 나에게 손을 내밀어보려 해도
내가 누군가에게 손을 내밀어보려 해도
나는 손이 없는 가련한 아이

백황흑 색깔놀이와 ABC 영어놀이
나에게는 너무 어려운 놀이였어

내가 할 수 있는 건 울음밖에 없었어
그러나 여긴 인큐베이터가 아니었지
나는 결국 여행을 떠났어
미안해…… 난 너희와 다른 미숙아였어

제2부

남은 이야기
그리고 나의 경우

위대한 대통령의 우울한 그림자, 링컨

예전 직장의 카페테리아에는 수많은 위인의 얼굴이 그 이름과 함께 액자로 나열돼 있었다. 무슨 이유인지 지금은 그 액자가 치워지고 없다. 이렇게 글을 쓸 줄 알았다면 거기 걸려 있던 위인들의 이름을 모두 카피해놓았을 텐데.

기억을 더듬어 한번 나열해보자.

헤밍웨이, 차이코프스키, 고흐, 처칠, 링컨, 에디슨, 모차르트, 베토벤, 아인슈타인, 뉴턴, 괴테, 피카소, 톨스토이, 에드거 앨런 포, 버지니아 울프, 비비안 리, 마를린 먼로⋯⋯.

내 기억이 짧아 여기까지밖에 적지 못하지만 거기에는 이보다 세 배쯤 많은 사람의 이름이 적혀 있었다.

처음 그 액자를 보았을 때는 잘 몰랐는데 그들에게는 한 가지 공통점이 있었다. 모두 정신 병력을 가지고 있었다는 것. 그래서 그런 생각도 했다.

'이 세상을 움직인 대부분의 위인은 정신 병력이 있었구나.'

한국이라고 해서 예외는 아닐 것이다.

정신질환에 대한 오해와 편견이 서구에 비해 큰 탓에 쉬쉬해서 그렇지, 아마 우리나라의 역사를 움직인 위인들이나 각 분야에 종사하는 유명인들의 정신 병력을 추적해보면 놀랄 만큼 많은 사람의 리스트가 나오지 않을까 한다.

그런데 왜 유명인들에게는 정신 병력이 많은 걸까?

삶의 열정이나 스스로의 천재성과 비례해서 동반되는 그 어떤 스트레스, 자기 집착, 내부 분열 등이 원인이라고 보이는데 이번에 다룰 주제가 아니므로 이 정도만 언급하기로 하자.

이번에 하려는 이야기는 저 많은 유명인 중 한 남자의 삶과 그의 내면에 대한 것이다. 오늘의 주인공은 에이브러햄 링컨이다.

극심한 우울증을 겪었던 것으로 알려진 링컨은 그 우울증을 극복했을까? 아니면 그 우울증과 동거했을까?

링컨 대통령의 업적과 인격을 수많은 사람이 지금도 존경한다.

그런데 그 자신은 행복하지 못했다. 그에게는 깊은 고뇌가 있었는데 그것은 떨쳐지지 않는 우울증이었다. 링컨 생존 당시에는 지금처럼 우울증 약도 없었고 치료사도 없었다. 그렇다면 링컨 이 사람은 자신의 심한 우울증을 어떻게 수습하면서 살았을까?

난 링컨을 매우 존경하고 좋아한다. 그의 삶을 이야기하고 찾아볼 때마다 그의 치열했던 삶이 가슴에 와닿기 때문이다. 자, 이제부터 링컨의 삶을 한번 되짚어보자.

마이클 벌링엄이라는 사람은 자신이 쓴 책 『에이브러햄 링컨의 내면 세계The Inner World of Abraham Lincoln』에서 링컨 우울증의 시작점을 그가 어릴 때 맞은 어머니의 죽음에서 찾는다. 어릴 때 겪은 죽음에 대한 슬픈 경험이 나중에 우울증으로 발전할 가능성이 무척 크다는 사실은 심리학자들 사이에서는 정설로 여겨진다.

하지만 링컨의 '죽음에 대한 슬픈 경험'은 어머니의 죽음 그 이전부터 시작됐으며 이미 정계의 명사가 된 이후에도 한참 계속된다. 그러니까 벌링엄이 지적한 어린 시절 어머니의 죽음이 기점이 된다기보다는 수많은 죽음의 경험 중 일부에 불과했던 것이다.

링컨은 세 살 때 남동생의 죽음을 겪는다. 아직 세상을 모를 나이인데다 이후에도 희미한 기억으로만 남을 아주 어린 나이의 사건이었음에도 불구하고 이 죽음은 링컨에게 뚜렷한 이미지로 남게 된다. 그리고 아홉 살 되던 해 링컨은 어머니를 잃는다.

그뿐 아니라 이모와 삼촌도 얼마 지나지 않아 사망한다. 열여덟 살 때는 누나가 아이를 낳다가 사망한다. 이렇게 연속된 죽음의 충격을 어린 링컨은 심리적으로 감당하기 어려웠을 것이다.

1830년 링컨의 가족은 인디애나 주에서 일리노이 주로 이사를 한다. 링컨이 스물한 살 때였다. 일리노이 주로의 이사는 링컨의 일생에서 가장 탁월한 선택이었다. 그곳에서 하원의원이 되고 변호사가 되고 대통령이 되는 발판을 마련했기 때문이다.

일리노이 주에서의 그의 행적을 보자.

링컨이 이사를 하자마자 제일 먼저 한 일은 어떤 가게에 점원으로 취직한 것이다. 손님이 물건을 사면 계산을 하는 출납점원이었다. 이 시기는 링컨의 우울증이 임상적 우울증이라고 말할 수 있을 정도로 발전했던 시기이며 우울증과의 처절한 싸움이 시작되는 때이기도 했다.

출납점원이었던 이 시기에 링컨은 필사적으로 많은 사람과 친해진다. 친구들과 주고받은 서신으로 미루어 링컨은 말이 아주 많은 활달한 사람이었으며 그의 말은 설득력 있고 무엇보다 재미가 있었다. 그의 주변에 많은 사람이 모이기 시작했다.

여기서 잠깐 지적하고 넘어갈 것이 있다. 우울증과 활달함은 정반대의 느낌을 지닌 개념이다. 당시 링컨 자신은 소수의 지인들에게 극심한 멜랑콜리melancholy를 호소하곤 했다. 당시에는 우울증 개념이 잘 잡혀 있지 않아 아마도 서신에 멜랑콜리라는 단어를 수없이 썼던 것 같다.

링컨 자신은 멜랑콜리를 이야기했고 친구들은 활달함을 이야기했다. 이게 어찌된 일인가? 바로 링컨의 활달함이 우울증 극복의 수단이 됐던 것이다.

그는 잠시라도 자신을 가만두지 않고 끊임없이 움직이게 했다. 그게 어느 정도였냐 하면 너무나 많은 사람을 만남으로써 그 지역의 유명인이 될 정도였다. 가게 점원이라면 당시에도 아주 흔하디흔한 직업이었다. 무슨 벼슬이 아니었단 말이다.

그런데 일개 가게 점원 신분으로 지역의 유명인이 될 정도면 얼마나 많은 노력을 했을지 눈에 선하지 않은가? 물론 그가 정치적 야망이 있었다든가 그러한 야망의 성취를 위해 움직였다든가 하는 분석도 나올 수 있다. 그런데 우울증에 걸린 사람이 링컨처럼 행동하기는 정말 힘들다. 동기유발 자체가 가장 커다란 벽이기 때문이다.

1832년 드디어 링컨은 정계에 진출하고자 하원의원에 출마한다. 1809년생이니까 불과 그의 나이 스물세 살 때였다. 링컨에게 어떤 천재성이 있었다기보다는 체계적인 시스템이 자리 잡히지 않았던 그 시절에는 이렇게 젊은 사람들의 정계 진출이 흔한 일이었다.

그러나 링컨은 13명 중 8위로 낙선한다.

링컨에게는 아마도 이 낙선이 그다지 좌절할 일이 아니었던 듯하다. 오히려 낙선하자마자 링컨은 기다렸다는 듯 또다른 일을 도모했다.

친구와의 사업이었다. 링컨은 낙선한 그해에 친구와 슈퍼마켓을 연다. 그러나 엄청 많은 빚을 떠안고 금방 망해버린다. 하원의원 낙선보다는 사업이 망하고 빚까지 진 일에 훨씬 더 좌절감을 느꼈을 게 분명한데 링컨은 또 금방 취직을 한다. 한 푼이라도 더 빨리 빚을 갚기 위해서였다. (링컨의 서신들에서 자세히 읽을 수 있다.)

빚을 갚느라 정신없이 일하던 링컨은, 최소한 겉으로 보기에는 여전히 활달했고 재미있는 사람이었다. 주변 사람들은 예전보다 더 많이 모여들었다. 그렇게 또다시 2년이 지난 후 링컨은 하원의원에 재출마한다.

그리고 드디어 링컨에게 좋은 일들이 일어나기 시작한다.

하원의원에 당선돼 정계진출에 성공했던 것이다. 거기다가 오래 준비했던 변호사 시험까지 합격해 약 25년여 간 변호사로서도 활동한다.

링컨의 행운은 또 있었다. 캔터키 주의 유력한 가문의 딸이었던 메리 토드와 결혼하게 됐다. 그런데 어찌 보면 이 결혼은 행운이 아니라 비극의 시작이었다.

사랑하는 사람의 죽음 중에서 아무리 시간이 지나도 결코 무뎌지지 않는 것이 있다. 바로 자식의 죽음이다. 부모로서의 괴로움은 말로 할 수가 없다.

링컨이 시달려야 했던 우울증의 원인이 다름 아닌 '사랑하는 사람들과의 사별'일진대, 그와 아내 메리는 인간으로서 가장 고통스러운 자식의 죽음을 무려 세 번이나 겪어야 했다. 링컨은 네 명의 아이를 낳았고 그중에 세 명을 병으로 잃는다.

자, 이쯤이면 애초에 우울증 증세가 없는 사람이었다 해도 금방 무너져버리지 않았겠는가?

링컨도 한때 무너졌던 걸로 알고 있다. 역사책이나 다른 기록에는 나오지 않아 확인하지는 못했지만 대학생 때 역사선공 교수님으로부터 링컨의 자살시도들에 대해 들었다. 시간이 많이 지난 지금에 와서야 그때 조금 더 자세히 물어보지 못했던 게 후회되지만, 그때는 내가 심리학도가 아니었다.

1849년경부터 1854년경까지 약 6년 동안 링컨은 하원의원직을 떠나

링컨은 평생 자신의 병을 고치지 못하고 그 병과 함께 살았다. 그것은 괴물과의 싸움이었다.

변호사 일에 집중한다. 아직 젊은 시기였으니 정계를 아주 떠날 생각이었던 건지는 모르겠다. 그런데 1854년에 노예문제로 당시의 주 상원의원이었던 더글라스와 토론을 벌이게 된다.

이 토론은 전국적인 이슈가 되었고 전 미국인이 링컨을 지지하는 사람들과 더글라스를 지지하는 사람들로 양분된다.

더글라스의 주장은 노예제도를 각 주의 결정에 맡겨야 한다는 것이었다. 그러나 링컨은 그런 식으로 하면 미국의 분열을 가져올 뿐이니 아예 모두 폐지해야 한다고 주장했다. 이 노예제도에 대한 이슈는 워낙 전국적인 것이었기 때문에 두 가지 서로 다른 주장의 대표인물로 떠오른 더글라스와 링컨도 덩달아 전국적인 인물이 됐다.

당시 더글라스는 민주당원이었고 링컨은 지금의 공화당원이었다. 지금에 와서는 민주당이 오히려 대다수 흑인의 지지를 받고 있으니 역사는 돌고 돈다는 말이 맞는 것 같다.

1860년 더글라스와 링컨이 드디어 대선에서 맞붙는다. 지금이나 그때나 정치에서는 역시 '이슈의 선점'이 출세의 지름길인가 보다. 이슈를 선점한 같은 주 출신의 두 정치인이 각 당의 대통령 후보가 됐으니 말이다. 그리고 1860년 링컨은 대통령에 당선된다.

이렇게 숨가쁜 정황 중에도 링컨의 깊은 우울증은 한시도 그를 떠나지 않는다. 비서관에게 "나 지금 상태가 안 좋네"라며 중요한 회의를 취소시켰던 기록도 있었으니 말이다.

링컨은 대통령에 취임한 지 얼마 되지도 않아 지도자로서 엄청난 시런을 겪게 되는데, 바로 남북전쟁이다.

1861년 4월 12일 남북전쟁이 발발했고 링컨은 졸지에 반쪽 대통령이 돼 북군을 지도한다. 역사시간이 아니니까 남북전쟁 자체에 대한 상세한 내용은 건너뛰어야겠지만, 단지 링컨이 전쟁을 잘 이끌었고 무척 훌륭한 지도력으로 북군의 사기를 유지했다는 점만은 강조하고 싶다.

1865년 4월 9일, 남군의 총사령관 리Lee 장군이 항복서에 서명한다. 이제 링컨은 명실상부한 미국의 통합 대통령으로 등극한다.

전쟁에 승리한 링컨에게 당시에 어떤 목표와 꿈이 있었는지는 모르겠다. 하지만 링컨이라면 분명히 미국을 어떻게 이끌겠다는 포부가 있었을 것이고 아마도 구체적인 실행 계획까지 갖고 있지 않았을까 생각해본다.

알다시피 링컨은 워싱턴 D.C.의 포드극장에서 연극을 보다가 머리에 총을 맞고 사망한다.

1865년 4월 14일이 총을 맞은 날이니 남군의 항복을 받아낸 지 불과 5일 후다. 링컨은 그 다음날 파란만장했던 그의 삶을 마감한다.

통일 지도자로서의 포부를 채 펼치지도 못하고, 자신의 목숨까지 담보한 내전의 대통령으로 고생하며 노심초사하다가 생을 마친 불운의 대통령이었다.

링컨은 정신질병으로 고생했으나 그것을 성취의 열정으로 승화시켰다. 평생 자신의 병을 고치지 못하고 그 병과 함께 살았다.

앞에서 잠시 언급한 위인과 정신질환의 상관관계를 조금만 더 보완,

추론한다면 창조와 정신질병은 어떤 연관이 있다. 소설이든 미술이든 어떤 사람의 특이하고 깊은 내면세계의 표현은 그러한 내면세계가 실제 그 사람의 내부에서 괴물처럼 생생하게 살아 있을 때만 예술의 이름으로 다시 태어난다는 것이다.

링컨에게 주효한 특효약은 무엇이었을까?

위대한 위인의 정신분열을 한마디로 압축할 수 있는 말일지도 모르겠다. 그 싸움에서 패한다면 광인이 되는 것이고, 싸움에 이겼을 때 위인이 될 조건을 갖게 되는 것이다.

지금 나는 모든 사람이 자신의 상처를 이기고 위인으로 거듭나라고 하는, 교장선생님 같은 훈시를 하는 게 아니다. 자기 내면에 어떤 상처와 문제가 있을 때 그것은 거꾸로 창조의 열정이 될 수 있다는 말을 하고 싶다.

내가 우울하거나 힘들 때, 정말 아무 일도 하고 싶지 않겠지만 내가 잘할 수 있는 일 한 가지에 집중해보라. 나중에 좀더 익숙해지면 그것이 습관이 되고 훌륭한 뭔가가 나올 수 있다.

링컨이 끊임없이 사람을 사귀고 이야기를 나누고 징지를 했던 것이 스스로에게 무엇보다 좋은 약이었던 것처럼.

삶이 지루한 이들에게

아주 오래전 신춘문예 당선작 중에 돌고 도는 지하철에서 생활하는 사람을 다룬 단편소설이 있었다.

별다른 내용은 아니었고, 지하철에서 먹고 자고 또 지하철 타고 그렇게 사는 사람 이야기였다. 주인공은 완전 폐인이었다. 소설의 마지막도 또다시 지하철을 타는 것으로 끝난다.

안타깝게도 제목은 기억나지 않지만 나는 그 내용 없는 단편소설을 읽고 감동받았다. 어쩌면 현대인들의 표현할 수 없는 고통을 그렇게 잘 압축할 수 있는지 그 솜씨에 감탄했고, 그렇게 돌고 도는 또다른 주인공이 내가 아닌가 하는 생각에 심란했었다.

〈접속〉이라는 영화에서도 지하철을 기다리던 한석규의 모습이 무척 인상적이었다. 물론 혼자만의 감정이입이었지만 무척 고독하고 쓸쓸해 보였다.

나는 이민 오기 전 백수생활을 한 적이 있다.

지금도 잊혀지지 않는 주황색 지하철 3호선. 물론 혼자서 계획도 세우는 등 내 자신을 잃지 않았지만, 그걸 타고 서울을 돌고 있는 나의 하염없는 인생에 괴로움을 느끼기도 했다.

물론 반복적인 일상이지만 변화도 있었다. 친구들을 만나 술자리를 한다든지 놀러 간다든지, 혹은 영화를 본다든지. 그런데 그런 변화도 언제인가부터는 내 일상에 묻혀 지루해지고 말았다.

나는 항상 이런 생각을 했다.

내 텅 빈 것 같은 이 마음을 도대체 뭘로 채우고 살아야 하나? 특별히 뭐가 문제인지도 모르겠는데.

15년이 지난 지금에 와서야 나는 알게 됐다. 그때 내가 느꼈던 게 나 혼자만의 괴로움이 아니었다는 것을. 나는 내가 백수라서 그런 줄 알았다. 그런데 수많은 직장인이 그렇다는 것을 알았고 수많은 주부와 남편, 또 노인들 역시 그렇다는 것을 알았다.

'지루함.'

나는 우리가 느꼈던 그것을 지루함이라고 정의 내리고 싶다. 일상의 지루함.

지금부터 내가 이야기할 부류에 해당되는 사람들에 대해 좀 설명하겠다.

일상의 지루함 증세가 너무 심하고 오래간다고 생각하는 사람들은 우울증 편에 가서 내가 거기에 해당되는지 자세히 살펴보기를 바란다.

그리고 거기에 해당하는 이들은 지금 다룰 내용에 크게 적용되지 않음을 먼저 말씀드린다. 또 어떤 커다란 일을 당한 사람들, 가령 사고를 당했다거나 사랑하는 사람과 헤어졌거나 한 사람들 역시 약간만 참조하기 바란다.

내가 오늘 이야기하고자 하는 대상은 평범하게, 큰일 없이 하루하루를 살아가는 사람들이다. 나와 내 친구와 내 가족과 바로 당신일 수 있는.

지루함은 때로 스와핑을 낳는다

리처드 기어와 다이안 레인 주연의 영화 〈언페이스풀Unfaithful〉을 보면, 주인공들은 뉴욕에서 여덟 살 먹은 아들과 함께 행복한 생활을 영위하는 중년 부유층 가족으로 나온다. 아무런 불만이 없어야 할 부인이 폭풍우가 휘몰아치던 날 길에서 우연히 만난 젊은 남자와 바람이 나면서 본격적인 사건이 전개된다.

그 영화에서 다이안 레인은 왜 바람이 났을까? 나는 그게 궁금했다. 남편인 리처드 기어는 능력 있는 인물로 나온다. 돈도 잘 벌지만 아내를 무척 사랑하고 가정적이며, 성관계를 잘 못하는 사람도 아니다. 그런 가정과 남편을 아내도 사랑한다. 아무 불만이 없었다. 그런데 그녀는 왜 그랬을까?

한국영화 〈주노명 베이커리〉에서는 젊은 두 부부가 스와핑을 한다. 스와핑 상대인 최민수와 이미연은 서로에게서 삶의 에너지를 얻는다.

제과점 주인으로 나오는 최민수는 이미연과의 관계에서 솟는 에너지 덕에 자신이 만드는 빵의 맛을 예술의 경지로 승화시킬 정도다.

그런데 그녀와 단 둘이 있던 어느 날, 최민수는 이미연의 깊은 한숨 소리를 듣는다. 아내에게서 많이 들었던 바로 그 소리. 다시 일상의 지루함이 찾아온 것이다.

지루함의 복잡한 심리를 가장 잘 나타낸 소설은 앞에서 얘기했던 플로베르의 『보봐리 부인』이다. 나름대로 욕망이 강했던 주인공 엠마는 착한 의사 남편을 만났지만 행복하게 지내지 못한다. 일상의 지루함과 지루한 남편은 그녀를 지치게 한다. 그때 젊고 잘생긴 남자가 나타나 아름다운 엠마를 유혹했고, 그녀는 기다렸다는 듯 열정적인 사랑에 빠진다.

신달자의 소설 『물 위를 걷는 여자』의 주인공 난희는 혈육보다도 더 사랑한다고 말할 수 있는 둘도 없는 친구 민희의 남편과 프랑스 유학 도중 사랑에 빠진다. 그런데 민희의 남편은 자신의 가정을 깰 생각이 전혀 없거니와, 자신의 아내 민희와 아이들을 너무나 사랑한다. 어릴 때 이 소설을 읽으면서 나는 민희의 남편을 이해할 수 없었다. 도대체 이 남자는 왜 이럴까?

도대체 이 지루함의 정체는 뭐지?

내 클라이언트들의 사연을 들어보면 위의 이야기들과 유사한 경우가 너무나 많다. 어떤 사람들은 주인공과 이름만 다르지 위의 이야기들과

토씨 하나 빼놓지 않고 똑같다. 그러니 이렇게 영화와 소설의 각본을 나열하면 따로 클라이언트들의 자세한 이야기를 하지 않아도 될 것 같다. 최소한 내게는 현실에서 정말로 일어나고 있는 일들이기 때문이다.

그들에게서 보이는 공통점은 어떤 진한 일상의 지루함으로 괴로워한다는 것이다.

하지만 지루함이 꼭 어떤 이성에게로의 이탈로 이어지는 것은 아니다. 많은 사람은 여행을 떠나기도 하고, 또 어떤 이들은 멀쩡한 직장을 박차고 나와 하고 싶은 일에 매달린다. 가끔 주변 사람들에게 미쳤다는 말을 들으면서 말이다. 뚜렷한 이유 없이 이민을 결정하기도 한다. 물론 속으로 삭이며 살아가는 사람도 많다.

도대체 이 지루함의 정체는 뭘까? 우울증도 아닌데 사람을 우울하게 하고, 주변에 사람도 많은데 사람을 고독하게 하고, 때로는 생각지 못했던 사랑에 빠져들게도 하고, 직장을 그만두게 하는가 하면 멀리 타향인 미국까지 이민 오게 만드는 그 정체는 뭘까?

무엇이 반복되고 있는가?

나는 네 살부터 열여섯 살까지의 어린이와 학생들 여러 명을 상담하고 있다. 물론 어떤 문제가 있어서 부모 손에 이끌려온 아이들이다. 이 아이들에게는 비슷한 증상과 현상이 있는데, 이는 별도의 장에서 다루기로 하자.

여기서는 공통점 한 가지만 이야기한다.

가끔씩 꽤 심심해 보인다는 것.

딱히 이 아이들이 정신적인 문제가 있어서 그런 게 아니라, 모든 아이가 가끔씩은 축 늘어져 있는 모습을 볼 수 있다. 왜 그렇게 늘어져 있냐고 물어보면 이렇게들 대답한다.

"심심해요."

아이들은 끊임없이 뭔가를 찾는다. 가장 많은 경우가 밖에 나가 친구들과 뛰노는 것이다. 이들은 집에 들어와서 또 전자게임을 하며 논다. 하지만 그것도 시들해진다. 조금 머리가 큰 아이들은 그룹을 이뤄 여기저기를 배회한다. 친구들이 바쁘거나 부모가 외출을 금지할 경우 이들은 집에 축 늘어져 있다.

돌이켜보면 우리의 지루함은 어릴 때부터 마치 본능처럼 다가와버린 것인지도 모른다. 그렇다면 결국 우리의 증상은 심심해서 생기는 걸까? 정확한 이론적 근거가 없는 주관적인 생각이지만 나는 그럴 수도 있다고 생각한다.

아이가 똑같은 놀거리에 싫증을 느끼듯 어른도 마찬가지다. 다만 어른은 아이보다 좀더 인내할 뿐이다. 즉 어른이나 아이나 어떤 반복에 대한 지루함으로의 귀결은 같다는 말이다.

대강 개념이 잡혔다면 함께 생각해보도록 하자.

나에게 반복되고 있는 일상은 무엇인가?

나는 내 일상에서 어떤 것에 싫증을 느끼고 있는가? 나는 싫증을 있는 그대로 받아들이고 있는가, 아니면 이런저런 변명을 덧붙이려 하는

가? 특별한 사건이나 계기가 없다면 반복이라는 일상이 원인일 수도 있지 않을까?

젊은 사람부터 노년층까지 너무나 광대해서 어디를 기준으로 삼아 해결책을 말해야 할지 모르겠다. 또 남자와 여자가 다르고 독신자와 기혼자가 다르다. 하지만 최대한 함께 할 수 있는 내용들을 추려본다.

• 나의 정신적 멘토를 찾는다

나의 고민을 들어주고 조언해줄 수 있는 상대를 찾아 나선다. 스님이나 신부님, 수녀님이나 목사님, 혹은 스승처럼 이야기를 많이 듣고 이해해주는 위치에 있는 사람이라면 더 좋다. 마음으로 '이 사람이다'라고 생각하다가 아닌 것 같으면 바꿀 수도 있다. 어차피 내 마음으로 맞는 사람을 찾을 때까지 해야 하는 일이다.

멘토는 1년에 한두 번 찾아갈 수 있는 사람이 아니라 자주 볼 수 있는 사람이어야 한다. 시원하게 말을 할 수 있다는 것, 그리고 들어주고 좋은 말을 해주는 사람이 있다는 것. 이거 생각보다 굉장한 선물이다.

하지만 멘토를 찾는 과정에서 정말로 조심해야 할 게 있다. 이성은 되도록 피하라는 것이다.

물론 이성에게 이야기하는 것이 편하고 느낌이 좋을 때가 많다. 하지만 인간심리가 참 묘해서 엉뚱한 일이 생기는 경우가 많고, 그런 관계가 지속되다보면 좋지 않게 끝나는 때가 많다.

• 내 일상에 작은 변화를 주자

볼링을 치거나, 헬스클럽에 가거나, 혹은 수영을 하는 등 운동을 하면 좋다.

한번 정하면 일주일에 무조건 두 번 이상은 가야 한다. 기혼자들은 배우자에게 동의를 구하거나 함께 한다. 작은 일이지만 일주일 스케줄에 적어도 두 번 들어가는 이 변화로 의외의 놀라움을 경험하게 된다.

• 여행?

내가 의문부호를 집어넣은 이유가 있다. 여행에 반응하는 두 부류의 사람들이 있는 것 같다. 한 부류는 여행이 바로 에너지 작용을 한다. 주말에 산이라도 다녀오면 마음이 자동으로 상쾌해져 한 주일 동안의 에너지가 된다.

하지만 또다른 부류의 사람들에 대해 이야기를 좀 하겠다. 교사인 S씨는 어느 날부터 내가 위에서 말했던 지루함을 겪고 있었다. 이 생각 저 생각 당연히 많이 했고, 생각을 너무 많이 하다가 철학적인 세계에 빠져들었다. 여러 가지 철학을 섭렵했고 수많은 생각을 했지만 아무것도 도움이 되지 않았다. 자신의 존재에 대해서, 그리고 그 의미에 대해서 생각했지만 답은 발견할 수가 없었다. 현실적으로야 힘든 일이 없었지만 그는 무척 힘들어 했다.

그러는 사이 지루함은 더 커져갔고, S씨는 자신의 생활을 견디다 못해 한 달간 여행을 가겠다는 결정을 내린다. 해외여행은 아니고 국내여행이었다. 정처 없이 걷다가 버스를 타다가 하면서 한 달간 무작정 돌아다니다가 왔다.

그런데 "좀 나아졌어요?" 하는 내 질문에 그는 이렇게 대답했다.

"처음에는 괜찮았는데, 좀 시간이 지나자 외로움과 지루함을 참기 힘들더라고요. 억지로야 이번 여행의 의미를 붙일 수 있겠지만, 솔직히 나는 더 지쳐서 왔어요. 이런저런 생각들은 더 복잡해지고 돌아와보니 지루한 내 생활은 변한 것이 없고요."

또다른 K씨의 경우는 여행을 다녀와 이렇게 말했다.

"현실에 다시 안주하기가 괴롭습니다. 책임질 일은 많은데 내 몸과 마음이 좀이 쑤시는 듯합니다."

S씨나 K씨의 경우는 여행을 즐기는 방법을 달리 하거나, 여행 목적과 테마를 좀더 분명히 했더라면 효과가 있었을지도 모르나, 어쨌든 여행을 다녀와 더 지루함을 느끼게 된 경우다.

• 자원봉사

고아원이나 양로원 또는 병원 같은 곳도 자원봉사자를 많이 필요로한다. 일주일에 한 번, 단 두 시간이라도 소외된 이들의 일상에 들어가 그들을 도와주면 당연히 '보람' 이라는 느낌이 따라온다. 그 느낌이 또한 삶의 활력소로 작용한다. 다른 자원봉사자들과 계획을 세우고 이야기하며 어울리는 재미도 쏠쏠하다.

유의해야 할 점은 나에게 맞는 자원봉사활동을 찾는 일이다. 지속성 또한 중요하다. 일주일에 한 번 가겠다고 했으면 지켜야지, 마음 내키는 대로 오고가고 하는 것은 여러 사람에게 폐가 될 수 있다.

• 이성과의 사랑?

위에서 많은 영화와 소설을 이야기했지만 이건 정말 알다가도 모르겠다.

화가 피카소는 많은 여인과 사랑을 하면서 자신의 진부해지는 창조성에 에너지를 불어넣었다. 현존하는 최고의 성악가 루치아노 파바로티 또한 늘그막에 젊은 여자와 재혼하면서 음악에의 열정을 다시 북돋았다. 우리 같은 사람도 삶이 지루해질 때 사랑에 빠지는 경우가 많지만, 그게 좋다 나쁘다를 나는 말하지 못하겠다.

유부녀와 유부남이라면 상처받는 사람이 많을 것이고, 독신이라면 기혼자보다 책임감이나 죄의식은 덜해도 역시 상처받는 사람이 있게 마련이다. 게다가 사랑이 이루어지지 못한다면 더 힘든 심리적 공황사태를 감당하기도 해야 한다.

하지만 결국 배우자를 만나서 결혼하고 성공도 해 잘 사는 경우도 아주 흔하다. 참기 힘든 일상이 찾아왔을 때 사랑을 하면서 그 일상을 극복하고 해피엔딩으로 관계가 진행된다는 보장이 있으면야 얼마든지 추천해주고 싶지만, 이건 각자가 알아서 받아들이시길.

"맞아요. 지루함 때문이었어요"

일상의 지루함은 누구에게나 찾아온다. 잘 극복했더라도 언젠가 또 다시 찾아온다.

그런데 이걸 꾹 참고 발버둥치지 않고 살던 대로 사는 사람이 또 많다. 별다른 선택의 여지가 없기 때문인 사람들과 그냥 그게 인생이려니 하며 지내는 도사(?)들이 그들이다. 이렇게 참고 지내는 사람들은 어떻게 될까?

대부분은 별일 없이 잘 지낸다. 살다보면 빠르지는 않지만 변화는 찾아온다.

삶이 항상 같을 수는 없으니 이런 변화는 자연스러운 일이다. 예를 들어서 결혼을 하거나 자식이 태어나거나, 또는 이사를 간다. 더 시간이 지나면 자식을 가르치고 대학에 보내며 출가를 시킨다. 그리고 은퇴도 한다. 또 중간에 나보다 먼저 떠나는 사람은 얼마나 많은지. 따로 내가 움직이지 않아도 이런 시간 속으로 나를 자연스럽게 묻어버리는 일, 가능하다.

이렇게 사는 수많은 사람을 존경한다. 가슴속이 시퍼렇게 녹물이 들더라도 그것이 인생이려니 하면서 담담하게 순응하는 이들이다. 그 내공의 힘은 가히 얼마가 되려나.

지금까지 부족하지만 일상의 지루함에 대해서 이런저런 이야기를 했다.

부디 그런 현상을 보일 때 많이 생각하기를 바란다. 그리고 끊임없이 자신을 들여다보기 바란다. "무엇이 문제인지 모르겠다"며 나를 찾아온 내 클라이언트들이 수많은 대화 속에서 스스로를 발견하고는 마치 유레카를 부르짖듯이 무릎을 탁 치면서 내뱉는 말은, "지루함 때문이었어요!"라는 말이다.

그들은 가슴으로 자신이 지루해하고 있다는 것을 비로소 느끼게 된 것이다. 가슴으로 그것을 알았을 때 어떻게 행동해야 할지도 스스로 발견하게 된다.

그 행동이 후회 없는 움직임인지 아닌지는, 역시 주인공의 몫이다.

그대, 외로운가?

서울 정동에 가면 옛날 문화방송국 건물이 있다. 그 건물 뒤편에 프란체스코 수도원이 있는데, 서울 한복판에 이런 명당자리가 있을까 싶을 정도로 조용하다. 수도하는 사람에게는 조용한 곳이 명당이다. 그곳에 가면 묵언수도하는 수도자들을 심심찮게 볼 수 있다.

내가 미국에 오기 전 한참 백수생활 할 때가 있었는데, 지금 생각해보면 나도 무척 외로웠던 것 같다. 그때만 해도 너무 순진해서 나는 외로움을 달래기 위해 참 많은 수도원을 다니며 시간을 죽였다. 지금만 같아도 정말 거하게 놀든지 배낭 메고 유랑하며 절밥을 먹겠지만, 그때는 그렇게 살아야만 하는 줄 알았다. 백수로 있는 동안 신앙생활 열심히 해서 하늘에 보물을 쌓아놓자는 생각에 나는 쉼 없이 수도원을 출입했다. 그때 가장 자주 가던 곳이 정동의 프란체스코 수도원과 용산의 카푸친 형제회였다.

그때만 해도 두 수도원에는 외국인 수도자가 참 많았다. 미국이민을 기다리던 나로서는 영어를 배우기에 참 좋은 기회라는 생각도 들어 그들과 많은 대화를 시도했다. 처음에는 영어실력이 달려서 대화라 봤자 맨날 비슷한 질문을 하고 대답을 받는 식이었다. 그때 리스트에 빠지지 않았던 질문은 세 가지였다.

질문 1. Why did you want to be a priest?

왜 성직자가 되길 원했어?

질문 2. Aren't you lonely?

외롭지 않아?

질문 3. How do you handle your sexual desire?

성욕은 어떻게 풀어?

이렇게 물어보면 어찌나 똑같이들 대답하던지, 신기했더랬다.

대답 1. I had vocation.

하느님이 불렀어.

대답 2. No. I'm happy.

아니. 난 행복해.

대답 3. I'm still struggling with faith. / I pray a lot. / Once you become a priest, you have different point of view.

신앙으로 극복하려고 아직도 싸우고 있어. / 많이 기도해. / 성직자가 되면, 다른 차원이 있어.

이렇게 반복되는 대답 말고 길게 자신의 인생 이야기를 해주는 고마운 이들도 있었지만 이보다 긴 대답은 거의 알아듣지 못했다. 단지 알아듣는 척을 해야 또 대화할 수 있을 것 같아 고개만 연신 끄덕인다든지, 아는 단어가 들리면 그 단어를 반복해주며 잘 듣고 있다는 시늉을 하곤 했다.

그런데 나중에는 그게 습관이 됐고 이곳 미국에 와 곤혹스러운 망신을 몇 번 당하고 나서야 고칠 수 있었다. 나중에야 깨달았지만, 내 그런 습관은 그때 수도원에서 생긴 게 아니라 훨씬 전부터 몸에 밴 특성이었다. 모르는 걸 아는 척한다든지, 없는 걸 있는 척한다든지.

앞서 이야기했듯이 더 건강한 정신적 삶을 영위하기 위해서는 무의식에 있는 것을 끄집어내 의식화할 줄 알아야 한다. 그 무의식을 나는 반복된 망신 끝에 찾아낸 것이다. 프로이트가 옆에 있었다면 내게 "자의식 강한 녀석!"이라고 말했을 것이다.

미국으로 이민한 지 3년 후, 나는 한국을 방문해 그 수도원에 달려가 친하게 지냈던 수도사들과 반갑게 해후했다. 카푸친 수도회의 패트릭 원장님은 내 영어실력이 별로 늘지 않았다며 약을 올렸다. 나는 원장님은 아일랜드가 아닌 영국사람 같다고 맞받아쳤다.

오랜만에 수도사들과 작은 경당에 들어가 저녁기도를 한 다음 저녁을 먹었다. 이젠 묵언기도 시간이다. 패트릭 원장님과 항상 거닐던 조그만 정원을 함께 걸었다. 말을 하지 않는 시간이지만, 원장님이 먼저 말을 꺼냈다. 아일랜드 본원에서 돌아오라는 명령을 받아 아마 앞으로 만나기 힘들 거라는 말을 담담하게 했다.

원래 수도하는 사람들은 인연에 얽매이지 않는다. 그건 떠나거나 헤어질 때를 보면 안다. 그들은 떠날 때 흔적을 남기지 않고, 헤어질 때 감정을 보이지 않는다. 패트릭 원장님은 멀리 편지도 전화도 하지 않는다. 3년 만의 만남이 어쩌면 생의 마지막 만남이 될 거라는 걸 서로 잘 알고 있었다.

원장님이 내게 마지막으로 질문할 게 있으면 모두 하라고 했다. 4년 전 백수로서 방황할 때 나는 패트릭 원장님을 만나 셀 수 없이 많은 질문을 무차별적으로 퍼부은 적이 있다. 그것도 만날 때마다 그랬다. 얼마나 많은 이야기를 나누었는지, 말하다보면 같은 이야기를 또 하고 있었다. 내가 테라피스트가 된 것도 원장님과의 인연 때문이다. 4년 전 일이 떠올랐기 때문인지 아니면 단순한 배려에서인지 나에게 마지막 질문을 할 기회를 줬다. 그래서 나는 이런 질문을 던졌다.

"고독하지 않으세요?"

그날 원장님은 많은 이야기를 해주었다. 인간은 고독을 즐길 줄 알아야 하며, 고독하지 않은 수도자는 타락한 것이라고. 그리고 원장님의 눈에는 이 세상 모든 사람이 수도자라고 했다. 이제는 모두 알아들었으니, 실은 내 영어실력이 는 게 확실했다.

:

절대자도 극복하지 못할 외로움을 인간이 극복할 리 만무하다.

'신을 가까이서 만나는, 그래서 마음만은 풍요로울 것 같은 수도자도 외로운 것이구나. 외로움은 살아 있는 생명체라면 누구 하나 비켜가는 법이 없구나.' 그때 이런 것을 절실히 알게 되었다.

"울지 마라. 외로우니까 사람이다. 살아간다는 것은 외로움을 견디는 일이다."

「수선화에게」라는 시에서 정호승은 삶을 그렇게 정의했다. 외로움을 견디는 일.

그런데 정호승은 그 외로움을 잘 견디지 못한다. 너무나 외로워서 나중에는 모두에게 덮어씌운다. 나뭇가지에 앉아 있는 새들, 산 그림자, 종소리. 모두가 외로워서 그렇게 산다고 말한다. 얼마나 외로움이 심하면, 하느님까지 외로워 운다고 했다.

맞다. 정호승은 혼자 나약해하지 않아도 된다. 우리의 외로움은 극복 못 할 외로움이다. 절대자도 극복하지 못할 외로움을 인간이 극복할 리만무하다. 사람이 산다는 것은 외로움을 견디는 일이지만, 시인이 통찰한 대로 결국 인간은 외로움을 견딜 수 없는 것이다.

이런 식의 해석을 가장 명료하게 하는 이들이 실존주의 심리학자다. 철학자가 아니고 심리학자. 그들은 외로움을 심리적 성숙에 있어 기본이 되는 기회라 생각한다. 그들은 말한다. 어차피 당신은 태어날 때 혼자였고, 죽을 때도 혼자여야 한다. 당신의 삶은 결국 남이 아니라 당신이 홀로 이끄는 데로 간다. 그러니 남과 친구 하지 말고 너 자신과 가장 좋은 친구가 되라고.

알코올중독자들이 있다. 알코올중독자들은 잠시라도 술이 없으면 괴로워한다. 그들에게 술을 떼어놓으면 해독과정에서 목숨까지 위태로워지기도 한다. 사람중독이라는 용어가 있다. 언뜻 봐서 사교성이 무척 좋은 것 같은 그들은 내면적으로 혼자 서지를 못한다. 그들에게서 사람을 떼어놓으면 심리적인 공황을 겪기 쉽다.

술이나 타인 말고 자신과 제일 친한 친구가 되는 것. 실존주의 심리학자들은 그것이야말로 인간 성장의 기본이라고 하면서, 외롭지 않으면 제일 친한 친구를 알지 못하니 "인간들아 우리 외로워하자"라고 말한다.

외로움을 인간의 본능으로 간주하는 실존주의 심리학자들은 외로움의 극복이 아니라, 외로움과 함께 살아가는 방법을 찾는 데 치료법을 집중한다. 그들의 이론은 융의 집단무의식과도 상통한다. 외로움이 인간의 본능이라면, 그 외로움은 인간역사에서 이미 내 무의식 속에 내재돼 있다.

그렇게 생각하면 우리는 어렵지 않게 알 수 있다. 과거의 인간들도 외로웠고, 미래의 인간들도 많이 외로울 거라고. 외로움을 병으로 본다면 모든 사람은 불치병에 걸린 거라고.

물론 세상일을 전부 외로움의 원인으로 보고 그 치료법을 찾으려는 심리학자도 많다. 그들이 생각하는 외로움의 치료법은 원인을 찾아내서 환경을 바꿔주고 새 환경에 적응하게 도와주는 것이다. 줄 헨리라는 심리학자는 이런 말을 했다. "인간은 약하기 때문에 외로워하고, 혼자

이기 때문에 약하며, 사랑이 없을 때 약하고, 사랑이 있을 때 약하다."
세상 모든 일이 인간을 외롭게 할 수 있다는 말이다.

실존주의 심리학자의 눈이든 아니든 내가 발견한 외로움에는 희한하게도 그리움과 동경이 있다. 그리움과 동경의 감정이 없는 외로움을 외로움이라 할 수 없다.

애인에 대한 그리움, 배우자에 대한 그리움, 친구에 대한 그리움, 산에 대한 그리움, 과거에 대한 그리움, 고즈넉한 시골 풍경에 대한 그리움, 부모님에 대한 그리움, 이유 없는 그리움, 하다못해 나와 아무 상관 없는 것에 대한 그리움(예를 들어 연예인이나 가보지 못한 장소 등등). 도대체 그리움과 동경 없는 외로움이 어디 있을까. 심지어 여행조차도 무엇인가에 대한 그리움과 동경에서 비롯된 것이라 볼 때, 여행을 떠나는 많은 사람은 결국 외롭다고 할 수 있다.

실존주의 심리학자들이 처방한 대로 인간은 자기 자신과 친구가 되는 것만으로는 외로움을 극복할 수 없는 나약한 존재여서일까? 그러니 남들도 다 똑같으니 그냥 그렇게 살라고 말하는 것은 너무 무성의하다.

물론 나는 모든 정신 관련 질병을 외로움 때문이라고 오버해서 해석할 의도는 전혀 없다. 부모님한테 유전적으로 물려받았다거나 살면서 커다란 충격과 상처를 받았다면 얘기가 달라진다.

그런 부분을 제외하고, 나 같은 테라피스트는 외로움을 어떻게 치료하라고 배웠는지 그리고 외로움에서 파생된 우울증 치료는 어떻게 해야 하는지, 어떤 심리학자가 어떤 이론으로 자기 것이 최고라고 우겼는지, 내가 경험했던 환자들 중심으로 이야기했다.

여태까지 말한 메시지는 이것이다.

"인간은 모두 외롭다. 그대만 혼자 외로운 거 아니다. 그러니 혼자 고민하지 말자."

위에서 말한, 나의 '몰라도 아는 척'을 프로이트의 이론을 생각하며 분석해보자. 프로이트 이론에는 인간의 성격을 형성하는 세 가지 중심요소가 있다. 본능id, 자아ego, 초자아superego가 있는데 이 세 가지는 서로 상호 작용을 하며, 이들을 잘 배분시키는 일을 정신분석가가 연구한다.

'본능'은 어릴 때 형성된 무의식으로 보는 것이 맞다. 그래서 이 인간의 본능은 모두 비슷하기도 하지만, 사람마다 어릴 때 살았던 환경과 경험에 따라 무척 다르기도 하다. 하지만, 모든 본능에 공통점이 있다. 본능은 쾌락의 원칙Pleasure Principle에 따른다는 것이다. 성인이 돼서도 본능이 강한 사람은 이기적이며 자기만족을 위해 다른 사람은 전혀 신경 쓰지 않는 성향이 강하다.

본능이 무의식의 세계라면, '자아'는 의식의 세계로 보면 된다. 자아의 세계에서는 현실을 인식한다. 그래서 합리적이다. 자아의 역할은 현실 속에서 합리적이고 이성적으로 본능을 만족시켜주는 일이다. 그래서 자아가 강한 사람은 너무 차갑고 이성적인 면이 강해서, 비인간적이라는 말을 듣기도 한다. 합리적이고 이성적이라 본능을 막아주는데, 비인간적이라는 말을 듣다니, 아 이러니하다.

마지막으로 '초자아'라는 세계가 있다. 이것은 인간 마음의 도덕적인 면을 생각하면 된다. 이 초자아는 끊임없이 인간의 마음속에서 도덕적 완성을 추구하는데, 한 사회의 도덕적 가치관과 종교에 대한 믿음 같은 것도 초자아의 성향에서 왔다고 생각하면 된다.

그럼 초자아가 강한 사람은 어떤 모습을 보일까? 도덕적 성인군자가 되면 좋겠지만 그렇지 못하다. 초자아가 강한 사람은 항상 죄의식에 시달리며 조심스럽고, 자신감의 결여나 결벽의 증상까지도 보이게 된다.

본능, 자아, 초자아 세 가지는 균형을 유지하는 것이 이상적이지만, 인간은 항상 이 세 가지의 균형을 위해 싸우며 살 수밖에 없다. 특히 인간의 무의식이 차지하는 비중은 너무나 커서, 평생 싸워도 이 균형을 언제 이룰지는 참 요원하다. 인간은 무의식 속의 본능이 꺼내지려고 할 때, 반항을 하게 된다. 거기서 여러 가지 자기방어기제Defense Mechanism가 나오게 된다.

프로이트의 이론을 위에서 얘기했던 내 습관에 적용시켜보자. 어릴 때부터 나는 '너는 잘났어'라는 교육을 받으며 자랐다. 그런데 그게 나의 본능에 저장돼버렸고, 그 본능이 자아에서 꺼내지려고 할 때마다, 즉 영어를 알아듣지 못할 때마다 '잘난' 나는 '알아듣는 척'의 자기방어기제를 이용해 억제를 했던 것이다.

잘났다는 이드를 부정하고 잘나지 않았다는 것을 인정한나는 것은 참으로 고통스러운 일이다. 자기방어마저 통하지 않을 지경에 와서야 인정을 하는 상황, 이건 보통의 사람들이 밟는 수순이다. 내가 만나는 환자 대부분은 무의식 속 본능을 건드려주면 화를 낸다든지 자기변명을 하기 시작하는데, 이것을 깨뜨리고 의식 속으로 옮겨주는 것은 보통 일이 아니다.

나는 프로이트보다 융의 집단무의식에 더 흥미를 느낀다고 했는데 내 행동을 융의 이론으로 들여다보면 더 재미난 사실이 발견된다. '몰라도 아는 척'의 방어기제는 나만 갖고 있는 것이 아니라 내 집안 전체가 그런 특성이 있더라. 그것도 아주 심하게. 심지어 어릴 때 교류가 없던 먼 친척까지 그런 경향이 있는 걸 보면 그저 놀라울 뿐이다.

　무의식에 대해 좀더 말할 게 있다. 무의식이 의식화됐다고 해서 습관과 행동까지 변화시키지는 못한다. 의식화에 성공한 무의식을 실제로 적용시키려는 부단한 노력이 있어야 완성될 수 있다는 말이다.

무소의 무리로 다함께 가라

1990년대 중반의 금요일 밤.

잠결에 걸려온 "진일이 오빠가 어제 죽었어요"라는 전화를 받고 나는 그것을 꿈이라고 생각했다. 꿈속에서 전화기를 머리 위 어딘가로 던져 버렸던 듯도 싶다. 그러나 목소리는 낯이 익었다. 내가 알고 있는 진일이 후배의 목소리.

아침에 일어나서도 나는 그것을 꿈이라고 믿고 있었다. 내 가장 친한 친구, 친구 이상의 친구 진일이가 죽다니…… 믿을 수도 없었고 믿고 싶지도 않았다.

친구의 죽음

당시 나는 토요일마다 성당에서 한글을 가르치고 있었다. 한국말이 서투른 고등학교 아이들이 대상이었다. 간밤의 악몽으로 늦잠을 잔 토요일 아침, 수업에 늦지 않으려고 서두르고 있는데 다시 전화벨이 울렸다.

방바닥에 뒹굴어진 채 비명처럼 울리는 전화기. 어쩌면, 어젯밤의 그 전화는 꿈이 아닐지도 모른다는 생각을 그때 처음 했다.

"나 영진이 누나야. 문수야 놀라지 마라. 진일이가 어젯밤에 사고로 죽었다."

너무나 큰 충격을 받으면 사람은 울음을 터트리는 등의 즉각적인 반응이 아니라 진공 상태에 빠지게 되나 보다.

전화기 너머 친구 누나의 흐느낌도, 그보다 더 아득하게 들리는 영안실의 친구 어머니 통곡소리도, 그 소식을 듣고 성당까지 가는 차창 밖의 화창한 겨울 햇빛도 모두 멍해진 내 머리를 자극 없이 통과할 뿐이었다.

공교롭게 그날 저녁 또다른 친구의 서품식이 있었다.

신부가 된 친구가 자신의 연설에 도취돼 울음을 터트리고 교인들이 덩달아 감동의 눈물을 흘리는 순간이 돼서야 그 울음들 속에 내 슬픔을 묻어 통곡했다.

눈물이 떨어질 때마다 그 눈물은 나의 현실감을 일깨워줬고 친구가 죽었다는 사실을 받아들이며 나는 이미 말라버린 눈물을 헛구역질로 대신했다. 그리고 그때 알았다. 누군가의 죽음에 대해 가슴이 찢어진다는 것이 어떤 느낌이라는 것을.

아아! 내 가장 친한 벗, 진일이……

내게는 친동생이 한 명 있지만 항상 나의 형제는 둘이라고 생각해왔다. 초등학교 때 몰래 들락거리던 오락실부터 커가면서 함께 다니던 학교, 산과 들. 둘이 기차도 타고 버스도 타고 참 많은 곳을 갔었지. 중학교 내내 한 반을 하고 고등학교에 올라가서도 선생님을 졸라 결국 우리는 같은 반이 됐지. 내가 미국으로 이민을 갈 때 함께 술 마시며 한없이 울어주던 네 우정이 고마웠는데.

너는 내 가슴에 못을 박고 이렇게 널 위해 울게 만드는구나.

이 나쁜 자식아.

흔적 찾기

크리스마스를 비행기 안에서 맞아야 했다. 비행기 안의 항로지도가 내 위치를 알려줬다. 한국에 가까워질수록 심장이 점점 더 아파왔다.

진일이네 집으로 달려갔다. 내게는 어릴 때부터 진일이와의 추억이 깃든 그런 집이었다. 문 앞에 들어서자마자 진일이의 부모님과 부둥켜안고 한참을 또 울었다. 누나들이 말리고 진정시킬 때까지 울었다.

자취방의 가스가 새서 죽었다고 했다. 그 방은 내가 한국에 있을 때 함께 다니면서 구했던 방이다. 진일이의 몸이 재가 돼서 뿌려졌다는 그 산에 갔다. 친구의 흔적을 찾으려 노력했지만 이미 산바람에 날린 후였다. 나는 담배에 불을 붙였다. 그리고 진일이가 뿌려졌다는 그곳에 누웠다.

진일이의 영정이 있다는 절에도 갔다. 나는 감정이 또다시 주체되지 않아 혀와 입술을 쉼 없이 깨물었다. 향로와 술잔과 주전자 그리고 꽃들. 그 한가운데에 진일이의 사진이 있었다. 진일이의 49재까지 나는 일주일에 한 번씩 있는 불교예식에 참석했다. 그리고 정말 열심히 불공을 드렸다.

예불이 있는 날을 제외하고는 줄기차게 진일이의 흔적을 찾아다녔다.

진일이와 함께 다녔던 초등학교부터 중·고등학교를 가보았고 은사님을 찾아다니기도 했다. 또 잠시 함께 다니던 대학교에 가서 아직도 그곳에 남아 있던 사진들과 동아리 노트에 남겨진 진일이의 시, 메모들을 처음부터 읽었다. 너무나 괴로웠지만 이런 식으로 하는 게 이 고통을 극복하는 좋은 방법이라고, 배웠던 대로 나는 그렇게 했다.

텅 빈 법당 안의 진일이 영정 앞에 정좌를 하고 마주 앉아 혼자서 한참을 이것저것 떠들어댔다. 초등학교 때부터 시작해서 기억나는 모든 것, 기뻤던 일, 서운했던 일, 행복했던 일, 고마웠던 일…….

다시 미국에 돌아왔을 때도 나는 한동안 폐인처럼 지내야 했다.

스테파니 할머니와의 만남

미국에는 '이별/사별 그룹Bereavement Group'이 많다. 자신의 애완용 동물이 죽어서 슬퍼하는 사람들의 모임까지 있다. 누구나 죽음을 맞이하며, 그런 슬픔을 당하는 것은 나 혼자가 아니라는 전제에서 출발한다. 그룹원들은 서로를 위로하고 스스로 위로받는다.

친구의 느닷없는 죽음으로 마음의 상처를 받은 나도 그런 그룹을 기

슬프면 슬프다 말해야 하고, 슬프다고 말할 때 누군가는 그 슬픔을 진심으로 들어줘야 한다.

웃거렸다. 전공 덕분에 내게는 관련 정보도 많이 있었다. 막상 가보니 그곳에는 참 기구한 운명을 경험했던 사람이 많았다. 자신이 운전을 잘 못해서 아내를 잃은 사람, 사고로 자식을 둘씩이나 잃은 부모, 불이 나서 순식간에 가족이 모두 타죽고 혼자만 살아남은 어머니.

죽은 친구 이야기를 꺼냈다가 쏟아지는 눈치를 받아야 할 정도였다. 그만큼 정도가 심한 이별을 경험한 사람들의 모임이었기에 나는 '이별/사별 그룹'으로의 발길을 끊었다. 그 대신 찾아간 곳이 '안전한 천국Safe Heaven'이었다.

'이별/사별 그룹'은 아니고 '이별/사별 상담'을 일대일로 해주는 곳이었다. 거기서는 인생의 경험이 많은 노인이 자원봉사자로 와서 상담을 해줬다. 내가 스테파니 할머니를 만난 곳이다.

스테파니 할머니는 나의 이야기를 진지한 자세로 귀담아서 들어줬다. 그리고는 눈시울을 글썽이며 자신의 이야기를 해줬다.

스테파니 할머니는 나만한 연배의 외동아들이 있었다. 교통사고로 아들이 죽었다는 말을 들었을 때 자신도 죽기로 결심했다. 그동안의 삶의 이유가 한순간에 무너져버렸다는 생각 때문이었다. 아들의 장례식을 마친 후 아들의 유품을 정리했고 아들과의 추억을 되짚어보는 여행을 마지막으로 떠났다. 그럴 힘이 남아 있었던 건 아들의 체취를 죽기 전에 느껴보고자 하는 모성애 때문이라고 했다.

가는 곳마다 괴로웠고 어떤 때는 울다가 실신해서 병원에 실려가기도 했다. 자신을 살려준 건 언젠가부터 병원에서 배정해준 테라피스트였다고 했다. 그 테라피스트는 오피스에만 앉아 있지 않았다. 아들의 무덤에 함께 가서 울게 하는 것을 반복시켰고 참을성 있고 열린 마음으로 자신의 슬픔을 받아줬다. 나중에 알았지만, 그 테라피스트 또한 자기 주변의 사람들과 이별 연습을 하고 있었다. 대장암 말기라는 사형선고를 받았기 때문이다.

그 테라피스트는 마지막으로 병원에 입원하기 전 이런 유언과 같은 말을 스테파니 할머니에게 남겼다고 한다.

"이 세상에 슬프지 않은 죽음은 없습니다. 타인의 눈에 그 죽음이 아무리 사소해 보여도 내가 가슴 아파하면 그건 이미 나에게 무엇보다 슬픈 일인 겁니다. 그런데 참 이상한 게 있습니다. 내가 진정으로 남을 이해해서 위로해줄 수 있을 때 사실은 내가 위로를 받는단 말입니다. 나는 내 죽음을 앞에 두고 다른 사람의 죽음을 위로했습니다. 그리고 그것이 내 삶의 에너지가 됐습니다. 스테파니, 부탁합니다. 남을 위로해주는 일을 하세요."

스테파니 할머니를 '안전한 천국'에 오게 한 유언이었다.

스테파니 할머니는 내가 한국에 나가 친구에 대한 기억과 슬픔을 하나하나 끄집어내기를 참 잘했다고 말했다. 만약 그런 과정을 거치지 않고 그냥 가슴에 묻어뒀으면 틀림없이 그것이 스트레스가 돼 어떤 방식으로든 자신을 심하게 괴롭혔을 거라고 말했다.

자기도 비록 힘들기는 했지만 아들에 대한 추억여행을 떠난 것이나 무덤에 자주 가서 울었던 게 도움이 됐다고 했다. '안전한 천국'에서 자원봉사 일을 하면서 지금은 아들의 무덤에 가서 잘 울지 않을 정도로 나아졌다고 했다.

내가 자신의 아들을 닮았다고 하며 손을 꼭 잡고 이런 말씀도 해주셨다.

"자네 친구가 가면서 그냥 가지 않은 것 같네. 당신은 이제 나와 같이 슬픈 사람들 가슴 밑바닥을 들여다볼 수 있지 않은가. 자네가 나중에 테라피스트가 됐을 때 그게 얼마나 큰 자산이 되겠나. 부디 좋은 테라피스트가 돼주게."

사랑하는 이의 죽음에 대하여

불교 용어에 '회자정리會者定離'라는 말이 있다. 모든 살아 있는 것은 만나면 반드시 헤어진다는 뜻이다. 비록 내 가장 친한 친구의 죽음을 통해 이별의 고통을 경험했지만, 내가 살아 있는 한 또다른 이별은 계속될 것이다.

칠순이 다가오는 내 사랑하는 부모님의 임종을 나는 언젠가 지켜봐야 할 것이다. 때가 되면 친척들도 하나둘 세상을 떠날 것이고, 내 차례가 오기 전 더 힘든 이별을 경험해야 할지도 모른다.

또다른 불교경전에 "무소의 뿔처럼 혼자서 가라"는 것도 있다. 혼자 태어난 인생, 떠나는 것도 혼자일 테고 결국 혼자의 힘으로 삶을 견디라는 뜻일 테다.

나는 개인적으로 무소의 뿔과 같은 강인한 사람이 부럽다. 그러나 또한 직업과 관련해 그런 사람이 안타깝기도 하다. 강인함을 외형으로 무장한 사람치고 저 마음 심연에 상처 하나 없는 사람을 보지 못했다. 아무리 강한 뿔이라도 이별과 같은 불가항력의 환경에 반복적으로 노출되면 그 뿔은 곪는다. 곪는 뿔을 가지고 사는 삶이 건강한가? 나는 이 질문에의 답변에 회의적이다.

사랑하는 사람을 잃었을 때 그 상처 치유와 관련해서 수많은 이론이 있고 이른바 '기술'이라는 것도 있지만 스테파니 할머니처럼 '드러냄'과 '고통에의 나눔' 이야말로 최고의 치유법이다.

상처를 현재 겪고 있는 사람들은 느낌에 매우 민감해서 상대방의 무감각과 가식을 금방 느낄 수 있고, 거꾸로 진실로 그 고통을 공유하려는 사람을 통해 엄청난 힘을 얻기도 한다. 슬픔은 나누면 반이 된다는 익숙한 격언이야말로 가장 적절한 치유법이다. 슬프면 슬프다고 말해야 하고, 슬프다고 말할 때 누군가는 그 슬픔을 진심으로 들어줘야 한다. 게다가 올바른 방향까지 제시해줄 수 있다면 그는 최고의 테라피스트 역할을 하는 것이다.

앞으로 나는 죽음과 상처에 관한 많은 이야기들을 할 것이다. 아파하고 그 아픔을 극복하는 과정들을 소개할 것이다. 그리고 그것은 죽음에 누구 하나 자유롭지 않은 바로 우리의 이야기가 될 것이다. 어쩔 수 없이 맞닥뜨려야 하는 실존적 숙명이라면, 한 마리의 무소의 뿔이 아니라 무소의 무리로 함께 나가보자고 말하고 싶다.

그들에게 무슨 일이 있었던 걸까?

ⓒ 권문수 2007

초판인쇄 2007년 8월 1일
초판발행 2007년 8월 7일

지 은 이 권문수
펴 낸 이 강병선
편 집 인 강성민
편 집 장 이은혜
펴 낸 곳 (주) 문학동네
출판등록 1993년 10월 22일 제406-2003-000045호
임프린트 글항아리

주   소 413-756 경기도 파주시 교하읍 문발리 파주출판도시 513-8
전자우편 bookpot@hanmail.net
전화번호 031-955-8888(관리부) 031-955-8898(편집부)
팩스 031-955-2557

ISBN 978-89-546-0366-9 03180

글항아리는 역사, 철학, 심리학 분야의 인문교양서를 펴내는 (주)문학동네의 임프린트입니다.

이 도서의 국립중앙도서관 출판시도서목록(CIP)은 e-CIP홈페이지(http://www.nl.go.kr/cip.php)에서
이용하실 수 있습니다. (CIP제어번호: CIP2007002226)